U0624384

科技特派展风采
创新创业聚英才

——新疆维吾尔自治区科技特派员
制度20年实践纪实

张冠斌　朱光辉　刘　勃　杨　倩　主编

中国农业出版社
北京

编　委　会

主　任：王　成

副主任：刘智敏　余英荣

委　员：赵　鹏　张冠斌　阿依努斯卡·居马巴依　王　飞

　　　　　晋丽娟　朱光辉

主　编：张冠斌　朱光辉　刘　勃　杨　倩

副主编：邝海菊　刘　洁　胡德江·玉素甫江　张　戈

　　　　　刘　婧　苗雪婷　叶小伟　孟晶晶　章　波

参　编（按姓氏拼音排名，排名不分先后）：

　　　　　阿依奴尔·买吐送　艾尼瓦尔·卡地尔　巴赫蒂亚尔·多里坤

　　　　　陈雨薇　陈玉泽　池培溶　达尔汗·巴合提汉　范振九

　　　　　房世杰　黄婷婷　李　鹏　李　翔　廖　亮　骆成尧　牟晋山

　　　　　帕鲁克·帕尔哈提　申建平　宋春霞　唐　斌　王　晶

　　　　　卫嫣然　魏　勇　吴楠贞　吴　玉　徐　超　谢志杰

　　　　　意则提古力·吴思满江　张诗吟　张　黔　张芳芳　张明强

前言

　　科技特派员制度是习近平总书记亲自关心指导、总结提升的一项重要制度创新。这项制度于 1999 年由福建省南平市率先推出，2002 年，时任福建省省长的习近平在对南平市调研后，对这项制度充分肯定，推动了这项制度的实施和推广。同年 10 月国家启动了包括新疆在内的西北五省区科技特派员试点工作。新疆维吾尔自治区科技特派员制度运行 20 年来，对推动新疆地方经济发展、提高农民收入、改善农村生活环境及促进乡村振兴起到了重要的作用。

　　新疆维吾尔自治区地处我国西部边陲，其科技特派员制度为改善地方民生、繁荣地方经济、提升科技水平发挥了积极作用。在自治区党委、人民政府的领导下，各地各部门积极探索创新管理机制和服务模式，组织动员科技特派员深入农业农村一线，认真履行工作职责，宣传党的"三农"政策、传播农业科学技术、引领创新创业、带动乡村脱贫致富，把论文写在大地上，为助力打赢脱贫攻坚战、推动乡村振兴发展提供了有力的科技支撑和智力支持。在过去的 20 年中，广大科技特派员深入基层，以创新为驱动，围绕新疆地区的优势产业、特色产业及新兴产业，积极开展科技创新和成果转化，为地方经济注入了新的活力。

　　为了更好地回顾和总结新疆维吾尔自治区科技特派员制度 20 年的发展历程，我们编写了这本《科技特派展风采　创新创业聚英才——新疆维吾尔自治区科技特派员制度 20 年实践纪实》。本书记录了 20 年来新疆维吾尔自治区在科技特派员制度实施过程中涌现出的优秀科技特派员和优秀事迹。我们相信，通过宣传他们的先进事迹，可以激励广大科技特派员不忘初心、牢记使命，扎根基层、苦干实干，弘扬担当精神，立足岗位奉献，积极投身乡村振兴，为助力农业农村现代化发展做出新的更大贡献。

在这里，我们要向为自治区科技特派员制度做出贡献的各位科技特派员致以崇高的敬意！同时，我们也衷心感谢各地（州、市）科技局对本书的大力支持与帮助。希望这本书能够为新疆科技特派员制度的持续发展和繁荣，为科技创新引领新疆经济社会高质量发展贡献力量。

编　者

2023 年 10 月 10 日

目　录

目 录

创业篇

服务篇

FUWUPIAN

兢兢业业为农行 扎实苦干爱"三农"

——记乌鲁木齐市达坂城区科技特派员张继俊

■ **个人简介**

张继俊，中共党员，乌鲁木齐市达坂城区农业技术推广中心副主任，农业推广研究员，主要从事农作物新品种良种良法配套栽培技术示范推广工作。先后主持和参加了农业科研及推广项目30余项，发表论文20余篇，获得先进个人等荣誉称号30余次，获得国家级、自治区级、市级科技进步奖励4项。

一、推广实施绿色防控技术，让植保工作为农业保驾护航

针对蚕豆病虫害严重及其他如马铃薯病虫害等防治不力的局面，张继俊先后试验各种药剂包衣、示范绿色综合防控措施治理病害，制订防治对策。通过三年时间的试验示范、培训观摩、技术指导，她积极向农民推广蚕豆根腐病的综合治理要领，指出要坚持轮作倒茬，病田5年不种蚕豆，选用优良抗病高产品种，种子实行药剂闷

张继俊（右一）与种植户和技术人员探讨蔬菜田间管理技术

种，加强田间水肥的科学管理，防止积水以治理病害。经过多次田间试验示范和实践，她总结出了成本低、易操作、效果好的绿色防控措施并进行推广。

为规模化发展达坂城区特色产业，她指导有能力、懂技术的科技大户、种植能手成立家庭农场或农民种植专业合作社。通过合作社规模种植特色农作物和配套管理技术滴灌栽培高品质示范，带动当地特色优势产业发展。由她指导、带动、扶持的 7 家农民种植专业合作社，已经将有机雪菊、达坂城甜百合、药用玫瑰、春育苗有机大葱、洋葱做成了初具规模的特色产业，收益达百万元以上。

二、试种先行甜百合初见成效，实施青贮玉米半精量播种技术

张继俊负责庭院甜百合种植技术试验推广，先行在庭院试验种植甜百合 20 亩[*]，亩产 1 吨，年均亩收益近 1 万元。她带领技术组及科技户挑选、剥取鳞片，选用微生物制剂发根，观测生长发育情况，鳞片繁育种球试验成功后，解决了百合鳞片无性繁殖种球难题，她前后组织召开了 5 次现场会进行技术展示、推介，大力繁殖本地百合品种进行推广，并对 600 余名种植人员进行技术培训与指导，推广种植面积 500 余亩，建成了新疆面积最大的甜百合种植地。

她主持实施了近 40 个玉米品种的试验示范种植，从中优选出产量高、抗逆性强的品种进一步示范推广。她主推"青贮玉米良种＋半精量"播种技术，使得青贮型玉米品种推广面积占到 70%，提高农机 2.5 ～ 3.5 千克的半精量播种质量，提高了穗粒成熟度，达到乳熟后期的高质量饲料生产标准，既节约了种子，又提高了青贮玉米饲料品质，主推技术示范推广面积近 3 万亩，每年可节本增效 500 万元以上。

---

*　亩为非法定计量单位，1 亩＝ 1/15 公顷。

三、农业技术试验示范田成效显著，带动"一乡一特"产业发展

张继俊负责达坂城区的先进实用农业新品种和新技术推广工作，几年来通过"做给农民看、带着农民干"示范展示农业新技术、实用技术及新品种 50 余个（项），经她推广的冷凉区农作物新品种、先进技术有 10 余项，使达坂城区传统农业向特色优质农业发展转变。尤其在实施大葱高产优质新品种"家禄 3 号"的示范推广方面，异地早春育苗技术已经推广5 000 余亩次，既解决了大葱抽薹的问题，也控制了葱蛆危害的问题。马铃薯、白皮洋葱、青贮玉米新品种累计推广也达上万亩。她负责实施的乡镇30 亩农业技术试验田工作获得乌鲁木齐市农业系统一等奖。

她每年以"试验田现场实训"和春季备耕时的"村村过"实用技术培训为抓手，把"科技之冬"培训延伸至春耕备耕时节，办到了村里。为使培训内容丰富，她将在农业生产管理及新技术、新品种试验示范推广中拍到的大量照片结合要点技术，图文并茂、通俗易懂地展示讲解给农民，开展"需要式""互动参与式"培训，增强培训效果，将实用技术送到农民手中。为使农民便于保存携带，并能认识作物病害病症、害虫形态，特指导编制了《蚕豆病虫害绿色防控技术》等 5 种口袋书，共印刷 5 000 册。在技术培训、实训及科普活动时发给农民，便于农民记住技术要点和农药名称及使用剂量、方法。

服务成效评价

张继俊结合农业生产实际，全身心投入基层农技推广体系建设中，主持实施了农作物新品种良种良法配套栽培等三大主推技术，推广实施绿色防控技术、青贮玉米半精量播种技术，开展技术指导，服务到家。她以实用技术培训为抓手，培育了上百名职业农民，扶持家庭农场、合作社，促进优势产业发展，达坂城区农业产业结构调整向着蔬菜基地、饲草料基地和特色产业基地稳步推进。

发挥优势服务群众　推广技术助力乡村振兴

——记伊犁哈萨克自治州巩留县科技特派员王银山

■ 个人简介

　　王银山，中共党员，硕士研究生，巩留县畜牧兽医发展中心副主任，高级畜牧师。在巩留县从事畜牧政策信息咨询及养殖技术推广、动物防疫检疫工作。曾参与科研课题 3 项，发表论文 16 篇。获各级荣誉称号 5 项。

一、突出业务优势，积极出谋划策，推广养殖技术

　　为提高巩留县畜牧业发展水平，王银山带领技术团队对全县规模以上养殖小区、养殖场、家庭牧场的养殖规模、饲养品种、防疫条件进行摸底清查，并备案登记，引导养殖户转变观念，强化动物疫病防控，积极开展免疫与消毒，确保养殖健康；在固定的活畜交易"巴扎"日向广大养殖户积极开展动物防疫、产地检疫、运输检疫的宣传及市场监督工作。

　　他利用"科技之冬"、农牧民夜校等活动，通过召开座谈会、家庭联席会等形式，以紧扣主导产业、主推技术提升为核心，围绕畜禽新品种引进、杂交改良、标准化饲养等关键技术，向农牧民讲授动物疫病防治、品种改良、牛羊育肥、动物防疫检疫法律法规等实用技术和各级政府关于畜牧业方面惠农政策等内容，主动与养殖户交流，梳理养殖户提出的问题，积极协调解决并推广现代畜牧养殖技术，先后培训农牧民 2 000 余人次。针对巩留县畜牧业的现状，通过调研，他对构建现代畜牧业体系面临的困难提出

了解决的对策及措施。

王银山（左二）与畜牧专家开展实地调研

二、依托多方平台，推广先进养殖技术，促进村集体农户双增收

为更好地服务当地养殖户，王银山入户开展宣传的同时积极协调单位对养殖户圈舍进行检测消毒，指导畜牧养殖合作社开展动物防疫、人工授精和种畜引进工作，对养殖中的常见疾病进行调查，有针对性地开展疫病防控。他积极发挥自身特长，把实施科技项目作为抓手，与本地实际情况相结合，推广适宜巩留县畜牧养殖的高效饲养管理技术。

他通过推广牛羊早期断奶、同期发情、良种杂交、饲料配制、疫病防治等现代畜牧养殖技术，培训肉羊养殖技术人员和养殖户；在工作中充分发挥专业优势，积极参与畜牧项目的采购、检测、发放，以及后期技术服务，部分困难群众通过牛羊养殖增加收入，取得了较好的经济和社会效益。

2018年，王银山依托"畜牧业发展壮大村集体经济50万元"项目资金，购买了47头2～4岁优质新疆褐牛生产母牛，与5户养殖大户签订承包养殖合同，自我发展经营，自负盈亏，养母牛每年需向村委会交租金2 000元/头，村集体每年新增收入9.4万元，项目的实施在母牛总数保持不变的前提下，合同到期后可续约，或解约归还村集体相同数量的 2～4 岁生产母牛，再由其他养殖大户承包，确保长期稳定的收入来源。此种模式，一方面可以稳定村集体经济收入，另一方面养殖大户有利可图，因合同规定自负盈亏，养殖大户会加倍认真对待，从而减少了人为因素造成的风险。时机成熟后，他将该类牲畜承包给有条件的低收入家庭，实现双赢，通过各种方式，阿克加孜克村集体经济收入增加至 2020 年的 50 万元，是 2014 年集体经济收入的 10 倍。

三、探索技术推广，落实惠民政策，真情服务群众

王银山结合本地实际，在阿克加孜克村推广了"合作社＋农户＋基地"养殖发展模式和统一品种、统一饲草料、统一喂养技术、统一信息服务、统一收购（销售）的"五统一"合作社管理模式，在养殖环节进行先进技术推广，实现了动物营养技术支持、重大动物疫病防控的检测监测、动物疾病诊断治疗等。他协助建设标准化养殖场 2 个，申报建设动物产地检疫报检点 2 个；积极推动当地布鲁氏菌病检测、畜牧业补助、疫苗不良反应补助、病死畜无害化处理补助等惠民政策的落实。"访惠聚"驻村工作期间，他联系养殖帮扶户 8 户，发展 10 头以上养牛大户 4 户，5 头以上养牛户 4 户。

他积极参与伊犁哈萨克自治州牛结节性皮肤病的现场流行病学调查，通过做好疫源追踪、消毒灭源、疫情解封风险评估，同时使用山羊痘疫苗紧急免疫防治，后期持续临床监测等措施，保障了养殖健康发展。

服务成效评价

作为伊犁哈萨克自治州牲畜疾病预防控制专家，王银山发挥科技特派员作用，以服务主导产业、主推技术为关键，围绕畜禽养殖、繁育和疾病控制关键技术，向农牧民讲授相关技术方法和法律法规等。他主动与养殖户交流，梳理养殖户提出的问题，积极协调解决并推广现代畜牧养殖技术，增强了农牧民养殖信心。

助力乡村振兴　实现特色林果产业化发展

——记伊犁哈萨克自治州新源县科技特派员李凤娥

■ 个人简介

李凤娥，新源县喀拉布拉镇林管站站长，助理工程师，喀拉布拉镇农林专家团队林果专家，主要从事林果栽培管理，林果新品种引进、技术推广、林果综合管理技术培训和服务等。先后发表学术论文 2 篇，参与编写了新源县果树栽培实用技术手册。多次获"优秀工作者""优秀共产党员""三八红旗手"等荣誉称号。2020 年获伊犁哈萨克自治州"科技服务促民族团结先进个人"荣誉称号。

一、心系群众、扎根一线为果农提供全方位服务

李凤娥在新源县喀拉布拉镇的百余名果农中有很高的口碑，扎根基层，深入田间地头，结合自身专业特长和工作实际，认真履行服务职责。

走上林业工作岗位 20 年以来，她始终心系群众，奔走在生产一线，为果农提供各类林果业种植新技术、新品种等相关信息，经常下村入园开展技术服务，不断提高果农的技术水平，促使更多农户学习掌握林果业栽培技术，扩大林果种植面积，使喀拉布拉镇果品质量和品质不断提升，果农收入不断增加，林果业逐步走上了优质优价的发展道路。她的技术服务得到了各级领导和同事们的好评，也得到了广大果农的一致认可。

她不断创新工作、丰富方法、拓宽思路，为广大农户排忧解难，向广

大群众宣传科学种养、农药安全等相关知识，进一步激发了群众爱科学、学科学、讲科学、用科学的热情，提高了广大群众的科技意识和科技素质。在走访中，她向群众送技术、送服务，不断提高农户运用科技增收致富的能力。

李凤娥（右一）向种植户讲解果树修剪技术

二、强化技术培训，以指导和服务促进产业发展

喀拉布拉镇是林果业大镇，林果业作为支柱产业，需要更好的技术服务和培训。李凤娥想群众之所想，急群众之所急，以合作社为依托，开展林果业相关技术培训和技术指导，向农户讲解果树栽培、病虫害防治等技术，向农户宣传科学使用农药等相关知识，引导农民群众掌握实用科学技术，增强致富本领。她先后共开展林果业技术培训 56 场次，培训人数达876 人次，宣传引进桃子新品种 6 个、苹果新品种 3 个、大樱桃新品种 3个，促使喀拉布拉镇林果品质得到了提升，果农收入进一步提高。

三、积极应对病虫害，为林果业发展保驾护航

2020 年，喀拉布拉镇榆树上首次发现了小蠹虫虫害，为了更加了解小蠹虫的危害，李凤娥细心观察小蠹虫虫害发展情况，并查阅资料了解小蠹虫的危害范围，及时制订相关防治措施，组织果农及时进行科学防治，杜绝小蠹虫对林果业发展的危害，使果农减少因果树病虫害带来的损失。

她始终心系果农和果品销售，积极组建果农销售运输队伍，监督果农运输人员的果品运输防护，为果农产品销售运输提供保障。对不宜外运的果品，动员果农联系出售给本地居民，协助配送至居民手中。

服务成效评价

李凤娥走上林业工作岗位 20 年以来，始终心系群众，用心服务、履职尽责，扎根一线，始终为果农提供各类林果业种植新技术、新品种等相关信息，组织开展林果业技术服务，得到了各级领导和同事们的好评，也得到了广大果农的一致认可，为林果业发展贡献了自己的力量。

践行使命　做科技助农的好标兵

——记伊犁哈萨克自治州巩留县科技特派员郝丽娜

■ 个人简介

郝丽娜，中共党员，巩留县农业技术推广站高级农艺师，研究领域为农业资源利用，主要从事土肥水等农业技术推广工作。先后获各类荣誉称号2项，参与各类科研项目6项，发表学术论文9篇，获得自治区科技进步奖1项。

一、理论与实践相结合，不断提升自身业务水平及解决问题能力

郝丽娜立足本职工作，加强补齐自身短板知识，尤其是在植物保护和作物栽培方面，她通过深入田间地头，做好田间调查，理论与实践相结合，使自身业务水平不断提高，解决问题能力不断增强。她经常下基层开展农业科技服务，通过集中培训、下乡指导、试验示范，与农民群众面对面交流，讲解党和政府的各项惠农利农政策，示范推广巩留县主要农作物优质高产栽培实用技术、农作物病虫害防治技术等，进一步加快农业科技成果的转化步伐，提高农业技术推广在农业高质量发展中的贡献率，保障粮食安全、提高农产品质量和效益，不断增强农民群众的农业科技意识和掌握农业实用技术的能力。

二、加强技术培训，提高农民种植水平，依托项目为技术推广做好保障

郝丽娜利用"科技之冬""绿叶行动"、田间课堂、农牧民夜校等项目及有利时机，开展农民科技培训，将农业技术带到田间地头。她结合农民需求主要培训包括测土配方施肥技术、玉米高产栽培技术及玉米螟绿色防控技术等。每年培训农民 500 余人次，为农民发放配方卡、宣传资料上千份，为农民科学种田提供了可靠的依据，为农民增产增收、提高经济效益奠定了技术基础。

为了履行好科技特派员的义务，她结合业务工作特点，依托项目积极示范推广露地辣椒覆膜直播滴管高效栽培、麦后留茬免耕复播大豆种植、伊贝母化肥减量增效等各类特色农作物的高效栽培技术，为作物增产、农户增收、农业增效和乡村振兴提供技术支撑。

郝丽娜（右）在田间了解作物高效栽培技术成效

三、发挥专业优势，致力解决农业技术难题

针对巩留县农户施肥不科学，化肥用量大、不平衡等问题，郝丽娜以化肥减量增效技术为抓手，引导农民转变施肥观念，根据测土配方施肥成

果，制订出肥料配方，确定施肥量，将总量控制在一定范围内，并对不同产量水平的作物施肥提出分类指导建议，先后制订并推广了巩留县冬小麦化肥减量增效技术模式 1 个和玉米化肥减量增效技术模式 1 个。通过试验总结测土配方施肥参数及建立相应施肥模型，她探索适宜当地的施肥方式，实现化肥减量、农业增效，平均每亩节约成本 35 元，年推广面积 50 万亩以上。

通过示范带动和全面推广，她积极引导农户转变施肥习惯，化肥使用量增加的趋势得到控制，施肥方式不断改善，基肥追肥的比例和"少量多次"原则逐步得到农户认可，实现小麦亩均减少化肥用量 2.3 千克（纯量），增产 18.9 千克；玉米亩均减少化肥用量 2.0 千克（纯量），增产 40.0 千克。全县主要作物因此实现节本增效 2 434 万元。

四、研究土壤改良培肥和地膜降解技术试验，不断提高土地综合利用效率

针对伊犁河流域新垦区土地坡度大、土层薄、质地沙性大、土壤肥力低、土壤结构性差等问题，郝丽娜开展伊犁河流域新垦区快速改良培肥与土地高效利用技术研究应用，形成了伊犁河流域新垦区土壤快速改良培肥与土地高效利用技术体系，为伊犁河流域水土开发利用提供了有力支撑。她共开展 6 种可降解地膜试验，设填埋试验 1 个、曝晒试验 1 个、作物覆膜栽培试验 1 个，分别测试 6 种可降解地膜的保温、保水及降解性能，筛选出适用的可降解地膜，对减少土壤残膜含量、提升土壤质量、保持生态环境健康可持续发展有重要意义。

服务成效评价

郝丽娜以解决实际问题为抓手，实现化肥减量和农业增效；以强化调研为手段，奠定农业高质量发展政策理论基础；以田间试验示范为支撑，推广农业关键技术，积极开展粮食高产创建工作，确保巩留县粮食安全，探索粮食作物高产栽培模式，推广测土配方施肥技术、病虫害绿色防控技术、精量播种技术及化肥减量技术，为巩留县作物高产做出了显著贡献。

科技助力新能手　群众增收好帮手

——记伊犁哈萨克自治州尼勒克县科技特派员陈幻喜

■ 个人简介

陈幻喜，尼勒克县乌赞镇畜牧兽医工作站站长，高级兽医师，主要从事畜牧科研与技术推广服务工作。曾先后获得国家级、州、县级荣誉称号9项，发表论文3篇，参与编写地方标准1项。

一、扎根基层，积极为农牧民解决牲畜养殖问题

陈幻喜从西南大学生物技术专业毕业后就回到了故乡——伊犁哈萨克自治州尼勒克县，先后在县畜牧兽医局和加哈乌拉斯台乡畜牧兽医站工作。期间他扎根在畜牧业生产一线开展技术服务，一口流利的哈萨克语使他与农牧民交流无阻，每天同农牧民打交道，发挥自身专业优势，为当地农牧民解决养殖问题。他自己也在牲畜常见病特别是对牛繁殖障碍性疾病和犊牛病毒性腹泻病诊疗方面积累了丰富的经验，获得了上级部门和农牧民的一致认可。

二、潜心钻研，专利技术广泛运用于基层畜牧改良工作

牧区牛品种改良工作一直是伊犁河谷牛品质提升的难题，为有效解决牧区牛人工授精冷配覆盖面问题，提升冷配怀胎率，陈幻喜独自一人在尼

勒克县唐布拉夏季放牧场蹲点两个月，开展新疆褐牛同期发情低成本试验。经过多种试验方法，他最终寻找到了一种最适合牧区牛低成本同期发情的技术。他带领牛品种改良育种员，在全县范围内进行技术推广，不但提高了全县新疆褐牛良种牛比例，牛的出栏上市时间缩短到 1～2 年，每头牛还平均增加养殖收益 2 000 元，充分调动了农牧民养良种牛的积极性。陈幻喜推广的这项技术每年为全县规模化养殖场和农牧民带来直接增收 1 740 万元。他常常对同事和奋战在基层一线的青年畜牧推广人员说："搞好畜牧技术推广工作，必须要和农牧民常交流，必须耐得住寂寞，总结经验，才能为老百姓解决生产中的问题。"

陈幻喜（中）在伊犁哈萨克自治州牛繁殖技术培训班为养殖户授课

在调任尼勒克县乌赞镇畜牧兽医工作站站长期间，他经过无数次试验，研制成功了适合牧区的移动式多功能牲畜防疫配种栏，并申请专利 3 件，在新疆伊犁哈萨克自治州、阿勒泰地区和喀什地区等地进行推广使用，并获得一致好评。

三、开展畜牧技术服务，促进畜牧业高效繁殖技术推广

畜牧技术推广服务的工作永远不会停止，陈幻喜在全县开展马人工授

精技术推广，毫无保留地将自己掌握的配种经验分享给他人，为全县培养了一批马繁育技术人员。同时，他还开展了马妊娠诊断和疫病诊疗等服务。作为试验站技术骨干成员，他先后开展了新疆褐牛4月龄早期断奶技术推广、饲喂含益生菌精料预防犊牛腹泻技术推广、新疆褐牛同期发情技术推广、新疆褐牛同期排卵－定时输精技术推广，以及新疆褐牛胚胎制作与胚胎移植技术推广等项目。

　　他积极参加了自治区新疆褐牛联合育种及群体改良体系，开展新疆褐牛高效繁殖技术推广。在他的技术指导下，多家养殖合作社发展规模和技术有了很大的提高，并获得"标准化示范基地"等称号。他推广的母牛高效繁殖技术集成与示范，妊娠检测1 500余头母牛，定胎准确率达95%以上；畜禽疫苗免疫2 000余头只，诊疗病畜500余头只，取得了较好的经济和社会效益。

服务成效评价

　　陈幻喜在17年的畜牧技术推广服务工作中，一步一个脚印，从一个初出茅庐的大学生成长为一个能独当一面的高级兽医师。在技术研究之外，他始终未忘记自己的本职，多年来一直为尼勒克县农牧民提供服务，为当地农牧业发展做出了显著贡献。

勇于实践勤恳实干　创新奉献服务基层

——记塔城地区乌苏市科技特派员刘虹

■ **个人简介**

刘虹，中共党员，乌苏市畜牧兽医站技术人员。从事畜牧兽医专业技术工作 13 年，为动物疫病实验室监测、流行病学调查、新技术应用与推广、培训、疫病诊断与治疗等工作方面做出了突出成绩。获得实用新型专利授权 4 件。编写地方标准 11 个，发表论文 8 篇，编写出版技术指导书籍 2 本，获地区级、县市级科技奖励 4 项。

一、吃苦耐劳，始终把为养殖户提供技术服务作为自己的主要职责

刘虹以群众利益为出发点，为当地群众提供了很多信息和技术服务。无论是高温酷暑的炎炎夏日，还是冰雪凛冽的深冬季节，只要群众有需要，她从不推辞。她为当地畜牧业增效、养殖户增收出谋划策，把自己所学的技术和成功的经验转化成生产力，造福当地群众，成了农民的"座上宾"和"财神爷"。由于先进的兽医专业技术及娴熟的实验室检测经验，她先后被新疆广播电视大学（现新疆开放大学）乌苏分校、新疆佳禾畜牧科技有限公司、乌苏市澳羊生物科技发展有限公司、新疆圣康欣畜牧科技有限公司聘为技术顾问。

为了让更多农牧民掌握畜牧养殖技术和人畜共患病预防知识，她利用

科技下乡活动举办科技培训班、组织科技大篷车活动、开展科技咨询活动，为农民传经送宝。她还坚持每年在乡镇举办养殖专业技术培训班，通过入户面授、集中培训等形式多样的培训，使农牧民在最短的时间内掌握畜牧养殖、人畜共患病预防等实用技术。她还组织现场观摩会，供养殖户互相学习、互相交流，开阔眼界、转变观念，提升科技意识和科学养殖水平。

刘虹（右）向养殖户了解牲畜养殖情况

二、深入基层，通过开展培训不断提高技术人员和农牧民畜牧科技知识

刘虹经常深入基层，组织兽医技术人员开展兽医诊疗技术培训、实验室检测技术培训等，通过现场讲解、亲自示范，使兽医技术人员在最短的时间内掌握动物疫病诊疗技术、实验室检测技术等，提高了乌苏市兽医专业技术人员服务基层的能力。几年来，她举办各类培训班21期，培训各类人员2 115人，授课510课时。通过科技培训和科技推广，有效提高了牧业干部和农牧民的畜牧科技知识，为畜牧养殖"良种良法"的推行、提高畜

牧业科技含量发挥了作用，为当地农牧民收入持续增长打下了坚实基础。

三、坚持创新，运用先进技术推进牲畜疾病控制

刘虹一直致力于动物疫病实验室监测、新技术应用与推广、疫病诊断与治疗等工作，她业务水平高，创新能力强，协调能力好，工作作风严谨，技术经验丰富。在她的努力下，乌苏市规模化饲养的肉羊和奶牛种群布鲁氏菌病防控工作取得了显著成绩，两年流产率下降 17%、死淘率下降 13%，共完成 1.5 万只肉羊、0.3 万头奶牛布鲁氏菌病检测，免疫注射布鲁氏菌病疫苗 1.8 万头份，发放布鲁氏菌病防控宣传单 5 000 册，培训养殖户 2 000人。她挑选了 100 户肉羊养殖示范户，户均饲养肉羊达到 30 只以上，户均养羊纯收入达到 6 000 元，年增加收入 60 万元，同时辐射带动当地 400 多名农民发展肉羊养殖。她探索肉羊高效繁殖技术，并取得成功，每只母羊年产羔在 3 只以上，杂交羔羊与纯种小尾寒羊羔羊相比较，6 月龄屠宰，平均每只羊产肉增加 5 千克，多收入 150 元。

服务成效评价

刘虹心系乌苏市畜牧业发展，扎实工作，无私奉献，用爱心、耐心、细心，努力发现问题、解决问题，充分发挥自身技术优势和专业特长，在疫病防治、新技术推广、培训人员、人畜共患病预防等方面做出了较大成绩，赢得了当地农民的广泛好评和赞誉，为科技推广和科技特派员工作做出了积极贡献。

增强科技服务　保护草原生态

——记塔城地区托里县科技特派员吾门提·阿山别克

■ 个人简介

　　吾门提·阿山别克，塔城地区托里县草原工作站高级畜牧师，主要负责研究草原生态建设、草原保护建设、人工草地建设、草原畜牧业转型、天然草原改良、项目执行管理、天然草场资源调查研究等工作。先后执行或参与国家级、自治区级及地州级项目10项，发表学术论文共15篇，获得软件著作权登记2项，获得实用新型专利授权1件。曾获地区级荣誉称号6项。

一、发挥专业特长，积极开展技术推广和应用

　　吾门提·阿山别克在工作中充分发挥专业特长，积极主持和参与多个项目的编写、执行和管理等方面工作。在开展草原固定监测工作时，她对国家级固定监测点的植被群落、特征及生产力、草原利用情况、草原生态状况、草原灾害、社会经济状况和土壤温度进行地面调查、拍照，把监测数据报给自治区草原总站。她开展定居点的草原生态保护，扶持定居游牧民发展畜牧业生产，培育后续产业，不仅提高了定居后游牧民的收入，还加强了托里县生态环境的保护，促进了草原植被和生态功能的恢复，改善了牧民生活条件。

　　她实施的天然草原围栏工程，包括饲草料地建设和补播改良、围栏内

外天然草场工程效益监测、天然草原退化草地调查和毒害草治理技术指导。舍饲棚圈建设总计400户，每户建设80米^{2}圈舍，退化草原改良5万亩，毒害草治理3万亩，恢复性补播3万亩。

吾门提·阿山别克（前右）开展农牧林科技巡回服务专题讲座

二、扎实做好科技服务，取得了突出的成效

吾门提·阿山别克大力宣传普及畜牧科技，推广草原畜牧实用技术，先后被派到各乡镇村队为农牧民服务，她以群众利益为出发点，多次深入牧区向广大技术干部和牧民群众宣传畜牧科技知识，提供技术服务，讲解党的牧业政策，通过现场讲解、亲自示范、入户面授、集中授课等形式多样的培训，使农民在最短的时间内掌握了优质天然牧草栽培技术，"三贮一化"实用技术，草原法、种子法等法律法规，有效提高了牧业干部和农牧民的畜牧科技知识。她现场传授专业技术知识510余课时，培训农牧民3 130余人次。

在以往的农牧民培训过程中，普遍存在农牧民培训不到位的情况，或者培训效果不佳等现象，她通过现场指导、发放宣传资料、建立微信群分享各类科技知识等方式对牧民进行培训讲解，解决了养殖过程中的难题。

三、开展草地资源调查，积极开展鼠害防控和生态修复

吾门提·阿山别克开展退化草原专项调查，重点对典型草原、退化草原、生态脆弱区、草原生态修复点进行调查，综合掌握托里县退化草原分布状况，采用地面监测与遥感监测同步调查，监测牧草畜平衡，禁牧、草畜平衡监管，草原动态和鼠虫草害等工作。

她在开展托里县草地资源调查工作期间，掌握了托里县草地资源状况、生态状况和利用状况等方面数据，建立了托里县草原资源与生态数据库及信息系统，初步完成了数字草原建设，科学评价30年来托里县草原保护与生态建设效益。在沙孜区域，加依尔山区鼠害、虫害高发区，她利用生物防治及有选择性的化学制剂，控制草地鼠虫害密度，在经济阈值范围之内减少草地化学污染，逐步改善草地生态环境，为大面积利用生物技术控制鼠虫害提供经验。为进一步提高鼠害防治效率，她在该区域共建设招引粉红椋鸟的砖巢10座、堆砌石巢1 000余米^3，建设招鹰架400余根、鹰墩22座。

服务成效评价

吾门提·阿山别克在平凡的岗位上默默奉献，以良好的职业道德、娴熟的业务素质、优质热情的服务，严格按照工作程序和工作守则，出色完成了技术服务和推广工作，受到托里县牧民的好评，以求真务实的工作作风为托里草原生态建设做出了积极贡献。

扎根基层推技术　服务群众促增收

——记塔城地区乌苏市科技特派员王继辉

■ **个人简介**

王继辉，中共党员，塔城地区乌苏市哈图布呼镇农业技术推广站站长，高级农艺师，长期在农业生产第一线从事农业技术推广工作，主要负责小区试验、大田示范、栽培技术改进。曾参与科研项目8项，发表论文7篇，制定标准6项。多次被评为哈图布呼镇（场）先进个人、地区农业技术推广先进工作者、优秀科技特派员，获荣誉称号多项、乌苏市科技进步奖励2项。主持并参加的各类农技推广、试验示范工作累计21项。

一、坚持棉花新品种引进推广，开展棉花灌溉新技术的应用示范

作为业务技术骨干，王继辉身先士卒，勇挑重担，围绕当地主导产业，立足本职，结合生产实际，认真钻研业务知识，常年奔波在田间地头和农户家中，推广农业新技术，解农民之难，帮农民所需，全心全意为广大农民服务。

他在哈图布呼镇先后引进棉花新品种7个，其中新陆早76号、新陆早78号在该镇种植面积达到80%以上，累计种植30万亩，棉花平均皮棉亩产达到133千克，比前几年平均亩产提高20千克。他在哈图布呼镇建立棉花高产万亩示范片1个，经测平均皮棉亩产151.3千克，亩

均增收 500 余元，受益户 298 户。他组织科技示范户 70 户，亩均增产 55 千克籽棉，增收 350 余元，辐射带动农户 1 300 余户，高产示范田 8 000 余亩，平均皮棉亩产 151.3 千克。

　　他在哈图布呼镇引进推广膜下软管滴灌技术和高效节水技术，实施面积累计 2.1 万亩，节水 25% 左右，提高 5%～7% 的土地利用率，棉花亩产增加 50～80 千克籽棉，亩均增加收入 350 元以上。推广高压滴灌累计近 2.5 万亩，目前全镇已实现高压滴灌技术全覆盖。

王继辉（中）在向种植户宣传棉田节水和病虫害防治技术

二、坚持推广科学种植技术，全面开展测土配方施肥工作

　　王继辉主持推广一膜六行、一膜八行棉花种植技术，建立了一膜六行棉花标准化生产示范田 350 亩，比常规棉花亩产普遍增加 50 千克籽棉，推广面积累计 6.3 万余亩。他主持推广机采棉技术，建立农业农村部棉花万亩高产示范田和机采棉标准化生产示范田，在哈图布呼镇机采棉技术推广

面积达到 5 万余亩，比常规棉花亩产普遍增产籽棉 65 千克，亩均节本增效 500 余元。

他推广测土配方施肥，降低了每亩投入成本，提高了化肥利用率，达到了比较好的效果，对哈图布呼镇 15 个村队 916 户农户耕地实行了无偿测土配方施肥，下发配方施肥卡 900 余份，测土面积近 9 万亩，配方施肥面积 10.3 万亩。

三、坚持做好农业技术培训，让科学种植技术惠及更多人

每年冬春两季农闲时，王继辉都要深入村队举办农业技术培训班，给农户讲解重点推广技术，解答农民提出的实际问题，近几年共举办培训班 330 余期，培训人员超过 3.3 万人，发放技术资料 5.5 万余册。

他充分利用电话、电台、电视、网络广泛宣传农业技术知识和重要技术措施，取得了很好的宣传效果。王继辉利用哈图布呼镇微信群、QQ 群及时转发农业病虫害预测预报、灾害气象信息，引导广大种植户及时做好防控，极大提高了农业技术影响力。通过实施科技入户工程，他累计建立科技示范户 750 户，辐射带动 2 000 余户，提供从播种出苗到收获全生育期的技术指导。

服务成效评价

王继辉把自己学的知识同实际工作紧密结合起来，爱岗敬业、勤奋工作，成为农业科技特派员系统的一面旗帜。他创造性地开展工作，解决了很多生产中遇到的疑难问题，为哈图布呼镇农民增收、农业增效、持续稳定提高农业综合生产能力做出了较大贡献，取得了良好的社会效益、经济效益和生态效益，多次获得上级业务部门的表彰，并得到了群众的广泛好评。

坚守平凡传播科技　用奉献助农致富

——记阿勒泰地区青河县科技特派员管建华

■ 个人简介

　　管建华，阿勒泰地区青河县农业技术推广中心专业技术人员，农业推广研究员，曾获得"自治区十佳科技特派员"等多个光荣称号。在阿勒泰地区驯化种植推广了野生阿魏菇新品种 3 项，编写了阿魏菇标准体系等书籍。作为负责人组织完成了小麦亩产 500 千克高产模式化栽培技术推广示范、绿色防控等 18 个重点推广项目。主编黄芩种植技术手册、小茴香种植技术手册，并发放 5 000 册，制作培训光盘 200 张，编写阿魏菇、黄芩、小茴香、黑木耳等 15 个技术操作规程。

一、脚踏实地开展调研，全面推广平衡施肥新技术

　　管建华是一位能说一口流利哈萨克语的基层科技特派员，服务于各乡镇、合作社。结合青河县农业发展现状，他大力推广先进实用的种植技术，帮助种植户增加收入，培养了一批观念新、懂技术的新型农业技能人才，培育了一批科技示范户，深受农牧民的喜爱。

　　他带队开展了以查明县域化肥施用现状、肥效变化、肥料利用率现状为重点的农户施肥调查，共调查了五乡两镇 1 120 户农户，整理出有效数据 830 个，初步摸清了青河县农田施肥现状和肥料使用成本，在学习和实践总结的基础上，提出并推广了"测土—配方—生产—供肥—指导施肥"的

施肥新模式。他在青河县五镇三乡建立平衡施肥示范户、发放施肥建议卡，带动影响农民近 1 万人次，全面推广平衡施肥技术达 10 万亩次，提高农作物产量 10% 以上。他依托小麦高产创建万亩示范田，引进和推广了"新春 43 号"等多个优质高产小麦品种，推广种植面积达 3.5 万亩，亩产达 500 千克以上，高于青河县平均亩产 140 千克；建成了 1 000 亩的优质小麦、1 000 亩的马铃薯、1 000 亩的优质中草药小茴香三个示范基地。

管建华（左）在马铃薯种植基地指导作物田间管理

二、精进不休，努力探索，助力科技成果推广转化

工作中的管建华踏实肯干，勤于钻研，为推动科技成果转化推广应用，他印制《小麦高产栽培实用技术》《马铃薯高产栽培实用技术》等手册，免费发放给农户，在田间地头现场指导，加快农作物科技成果转化应用，促进产业发展和种植户增产增收。

他努力探索农技服务新模式，推动青河县农作物种植品种多样化发展，通过在田间地头进行科普培训、指导服务、发放科普技术资料等方式，先后引进小麦、玉米、燕麦、黑木耳、中草药等 10 余个新品种进行示范推广，取得了较好的成效。他还创新栽培模式，推广应用生物技术提高肥料、农药利用率，对种植户实行统一培训和统一扶持的方式，到田间地头提供技术服务，开展技术培训，讲解病虫害防治技术问题，促进农民提高种植经济效益，辐射带动周边区域的发展。

三、发挥资源优势，深入开展技术攻关，积极推进食用菌产业发展

管建华积极为广大农牧民提供技术和信息服务，普及科技知识，使农牧民的科技文化素质和实用致富技能得到明显提高，为青河县的粮食高产、优质饲草料种植、食用菌人工栽培、中草药大面积种植的发展做出了自己的贡献。经过他多年的技术攻关和驯化试验，当地人工培育阿魏菇、杨树菇、黑木耳获得成功，并成为青河县主要农业特色产业。种植黑木耳在 10 座标准化大棚试验、示范、推广，作为示范样板，培训农民 150 人，辐射带动周边广大农民开展食用菌多样化栽培。作为食用菌栽培专家，他还负责为阿勒泰地区部分县市农户食用菌栽培提供技术指导任务，为哈巴河县、阿勒泰市食用菌种植户提供了 30 余次电话技术指导服务，指导完成菌袋制作 5 万余棒，出菇管理 10 万余棒，较好地带动了农户种植食用菌的积极性。仅 2020 年就开展技术培训 24 次，培训农牧民 460 人次；开展科普讲座 3 次，培训农牧民达到 300 人次；发放宣传单及技术培训资料 3 种，共 1 600 余册。

服务成效评价

管建华从事农业工作 30 年来，干一行爱一行精一行，无怨无悔、默默奉献，通过不断完善技术服务，培育科技示范户，进行试验示范推广，充分发挥科技特派员在发展农村经济和"科技兴农"中的重要作用，积极投身到需要科技支撑的农业主战场中，为推动青河县脱贫攻坚提质增效贡献了自己的力量。

用真情叩开科技之门　用实干奏响丰收之曲

——记阿勒泰地区福海县科技特派员热依扎·马黑扎提

■ **个人简介**

热依扎·马黑扎提，中共党员，阿勒泰地区福海县解特阿热勒镇农业（畜牧业）发展服务中心高级农艺师。曾获得实用型专利授权1件，发表论文4篇。先后获得"县级优秀科技特派员""优秀农业信息员""农业技术推广先进个人"等荣誉称号。

一、扎根基层，服务群众，面向农牧民开展新技术培训

22年如一日，栉风沐雨，扎根沃土。热依扎·马黑扎提在福海县解特阿热勒镇的田野忙碌，想农民之所想，急农民之所急，解农民之所难，帮农民之所需，一心扑在工作上，成为新时代农田的守望者。自2013年被选聘为科技特派员以来，她时刻牢记科技特派员的职责和使命，积极参与县科技局各类科普活动，认真总结农业生产中存在的突出问题，并把它转化为第二年的授课探讨内容，为农牧民开展农牧业适用技术培训，授课内容包括"青贮玉米高产栽培技术""经济作物高产栽培技术""科学配方施肥""作物缺素症状"等，先后培训农牧民学员7 000余人次，发放各类科技宣传资料2 500余份。

二、科学严谨，不断推进作物新品种引进和田间科学管理技术试验

为提高当地玉米、饲草产量和品质，促进当地畜牧业健康有序发展，她先后主持了"新玉66号""特大角瓜籽"等新品种引进试验，参与了水肥一体化水溶性肥料肥效试验，通过实施"青贮玉米新品种对比试验"项目，明显提高玉米产量和饲草料品质，青贮玉米亩产达到6.5吨以上，每亩增产2吨，每吨青贮饲料250元，每亩增加500元的经济效益。

热依扎·马黑扎提（中）开展大田农作物绿色防控技术培训

2021年，她主持自治区科技特派员创业项目——大棚蔬菜绿色防控技术，通过选用抗病品种，合理轮作倒茬，实行平衡施肥，合理增施有机肥，合理密植，及时清除田间杂草，严格控制大棚温度和湿度，加强土壤通透率等农业综合防治技术，有效控制病虫害，防治成本降低10%。通过运用农业综合防治、物理防治和生物防治相结合的方法，大大减少当地种植户的种植成本，每一个大棚增收500元，超额完成农户每亩增收210元的目标，带动周边种植户10户，得到专家验收组的好评。

三、不忘初心，心系群众，用技术之光点亮群众幸福生活

热依扎·马黑扎提时刻把为人民服务的目标放在心坎上，时刻把科技服务落实到行动上，脚上沾有多少泥土，心中就有多少真情。作为一名农业技术员、科技特派员的她，看到村民对农业技术的迫切需求，充分发挥专业优势，经常深入田间地头，在农业生产关键时刻，不管是汉族还是少数民族，只要接到老百姓庄稼出问题的电话，她都会第一时间到老百姓家地里，开展农业技术服务工作，从配制药物到实施最佳解决方案，普及农业新技术、新理念，变输血为造血，切实提高农作物产量。遇到自己不能解决的问题，她立刻咨询上级专家寻求帮助，同时还做好后期跟踪服务等工作，给农民朋友满意的答复，成为当地老百姓最放心、最可靠的朋友。为了更快、更方便地服务老百姓，她专门建立微信群为当地老百姓进行技术服务，及时解答老百姓在农业生产中遇到的热点、难点问题，得到老百姓的认可。京什开萨尔村种植户加尔肯望着金黄色的庄稼激动地说："这几年来，热依扎手把手教我们用先进技术种植和管理，我们的收入高了、腰包鼓了，我们除了感激，再没别的！"

服务成效评价

热依扎·马黑扎提用平时点点滴滴的小事，折射出一名科技特派员能吃苦、敢于担当的良好形象，用自己的实际行动永葆党员的先进本色，用实际行动践行"科技"的真谛，用实际行动浇灌科技之花。她说："作为一名共产党员、基层农业技术员、科技特派员，我还会继续服务好老百姓，把党的温暖传递到老百姓心中，将爱辐射到更多需要关爱群体的心坎里。"

提高牛羊养殖水平　助力农牧民增收致富

——记阿勒泰地区阿勒泰市科技特派员古丽沙拉·加别力

■ **个人简介**

古丽沙拉·加别力，中共党员，阿勒泰地区阿勒泰市畜牧工作站（散德克库木种畜示范中心）高级畜牧师，毕业于新疆农业大学动物科学学院动物科学（遗传育种）专业，学士学位。先后参与实施自治区级项目5项，发表科技论文10篇。取得自治区科技进步奖三等奖1项、自治区科技成果1项、阿勒泰地区科学技术普及奖1项，先后荣获先进科技工作者、全国科普惠农兴村计划科普惠农兴村带头人、第十届新疆青年科技奖候选人等荣誉称号。

一、开展牛羊高效养殖技术推广工作，推动行业技术进步

古丽沙拉·加别力积极开展牛羊高效养殖技术推广工作。她注重牲畜的品种和性能，通过技术服务促进了畜牧业结构的优化，有效缓解了草场超载过牧的压力，对改善草场生态环境起到了积极的作用。同时，由于饲养比较集中，更便于动物防疫机构进行检疫、防疫和消毒服务，畜产品安全得到了保障。

她利用阿勒泰羊与特克赛尔羊杂交，培育出既有阿勒泰羊生长快、适应性强，又有特克赛尔羊产肉性能高、繁殖性能好的理想型后代，新品种

表现出了良好的体型特征，适应性好，生长情况良好。

　　她不怕累和苦，积极参与国家良种补贴计划，开展以培育种公畜及科学饲养管理相关内容为主的培训讲座，提高当地养殖良种畜水平，每年鉴定列入国家良种补贴的褐牛 2 000 头、阿勒泰羊种公羊 1 万余只，10 年共得到国家良种补贴资金 700 余万元。

古丽沙拉·加别力（左一）在对褐牛生长情况进行建档

二、提高良种畜水平，为新疆优秀地方品种羊的推广提供技术保障

　　古丽沙拉·加别力积极开展阿勒泰羊品种选育提高及品种资源保护工作，成功制作阿勒泰羊冻胚、冻精及体细胞，为阿勒泰羊优秀种质资源的保存提供了有利的平台。阿勒泰羊冻胚移植技术的推广，为农户降低了养殖风险，减少了饲养成本，为新疆优秀地方品种羊的推广提供了技术保障。

　　她利用阿勒泰羊常规育种技术和现代动物遗传育种理论，依托多胎基因分子标记和导入杂交技术，通过横交固定、继代选育等育种手段，将特克赛尔羊突出的多胎优良性状导入至阿勒泰羊，培育阿勒泰羊多胎类型基础群。她建立阿勒泰羊多胎选育核心群、扩繁群、商品群的三级育种体系，加快选育速度，稳定优良性状，降低不良基因频率，扩大选育核心群数量，提高了阿勒泰羊群体多胎生产性能。

三、深入基层大力宣传普及优质养殖科学技术，带动农牧民转变养殖方式

古丽沙拉·加别力在走访期间充分发挥专业优势，亲自带队跟着转场牧民上山为牧民送技术送服务，开展"服务技能送上山、推广新技术、提高现代畜牧业效益"等各项活动，以科学养殖、品种改良为主要培训内容，并开展牛羊常见疾病检测及治疗、发放兽药等业务工作，受益农牧民累计2万余人次、发放宣传单1.5万余册，不仅提高了农牧民的养殖水平，增加了农牧民收入，生产方式由传统的游牧方式向舍饲圈养的畜牧业有效转变，同时有效控制上山牲畜量，防止草原生态环境退化，培养了一批学科学、用科学的新型牧民。科技示范户带动农牧民转变观念，真正实现了农牧民"定下来、富起来"的目标。

服务成效评价

古丽沙拉·加别力立足岗位实际，以严谨的工作态度、过硬的技术本领、扎实的工作作风，积极开展以引进良种畜、品种改良、常见疾病预防与治疗、科学饲养、饲料搭配等内容的培训、科技讲座、现场技术指导和科学普及，取得了很好的成绩，为推动当地畜牧业经济的快速发展做出了贡献。

不忘初心　传播科技星火

——记克拉玛依市乌尔禾区科技特派员苏洋

■ **个人简介**

苏洋，新疆农业大学经济管理学院副教授，主要从事农业经济、乡村振兴方面研究。主持各类项目 10 余项，获省部级领导肯定性批示两项，出版专著 4 部，发表 SCI/SSCI 和各类中文核心期刊论文 30 余篇，申请软件著作权登记 2 件，荣获自治区优秀博士学位论文，自治区自然科学优秀学术论文三等奖，2019 年自治区创业创新大赛创新组八强，并获 2021 年自治区科技厅"青年博士科技人才"称号。

一、以科技成果转化为途径、以科技培训为重点，助推乌尔禾区乡村振兴

苏洋常说，"对高校科技特派员来说，学生放假没有授课任务时，正是老师们忙于科技服务的时间"。他一直践行着这句话，除了教师本职工作，他一心扑在当地特色产业帮扶、农业技术培训等服务性工作上，用科学技术让农民增收致富。

作为克拉玛依第一批科技特派员，他围绕克拉玛依乌尔禾区特色产业，以技术带动发展、引进推广示范等方式，以特色产品包装、农村电商平台搭建、养殖技术培训为突破口，创建乌尔禾区生产力促进中心，孵化企业、合作社 30 家，为当地农牧民及合作社、小微企业开展各类培训 600 人次，帮助当地合作社申报外观设计专利 1 件，设计开发系统 2 个，帮助农民合

作社和小微企业申报及执行科技项目5项。他为乌尔禾区现代化农业建设做出了很大的贡献，受到克拉玛依有关部门的赞誉和肯定，被当地农民称为播撒科技种子的"小苏老师"。

苏洋（右二）介绍服务企业产品品牌建设情况

他以服务克拉玛依市乌尔禾区特色产业、实施技术带动、连接企业农户、引进推广示范等为创业主要内容，邀请新疆农业大学的相关专家学者，组成专家团队，以项目团队为抓手，以科技成果转化为途径，以科技培训为重点，助推乌尔禾区乡村振兴。

二、助推产业振兴，积极推动科技成果转化助力科技惠农

来到乌尔禾区以后，苏洋做的第一件事就是调研乌尔禾区经济发展现状，而后邀请高校的教授来乌尔禾"把脉会诊"。按照"项目推进，团队合作"的思路组建褐牛养殖、肉苁蓉种植、乡土特色文创产品挖掘、电商培训、农产品品牌及包装设计、农副产品加工销售等7个项目团队，形成导师团队工作机制，为乌尔禾区产业振兴提供人才和智力支持。

他将新疆畜牧科学院和新疆农业大学动物医学院多年研究形成的褐牛

标准化健康养殖技术传授给农牧民，培养本地养殖能手，制订本地养殖技术及疫病防治的规程手册，助力农民的钱包"鼓起来"。他将新疆农业大学成熟的技术成果转移至相关公司，并完成转化，对当地产业发展做出了贡献。

三、以科技培训为重点，助推农牧民素质提升，解决创业者技术欠缺难题

苏洋利用学校专家资源，开展各类农业农村人员培训工作，培训内容紧密结合农民的生产实际，为当地农牧民及合作社、小微企业开展各类培训 600 余人次，得到大家的一致好评。他为乌尔禾区手工艺从业人员开设手工艺产品课程培训，邀请乌鲁木齐手工艺制作工作室老师为当地相关从业人员授课，挖掘当地民族特色元素，开发文创手工艺品。他以旅游市场渠道为抓手，提高文创产品质量，通过优质文创产品开发提升旅游文化内涵，促进旅游消费，扩大乌尔禾区旅游文创品牌影响力，实现双促双赢。

他针对农民创业者"小、散、乱"的情况，设立"农民沙龙"，每月组织农民创业者深度交流，总结经验，针对农民创业者专业技术欠缺的情况，每月组织高校专家问诊，提出相应技术解决方案，每季度安排农民创业者前往乌鲁木齐等地学校开展调研，学习先进技术经验，学以致用，发展好本地产业。

服务成效评价

苏洋作为科技特派员，认真履行职责，大胆开展工作，积极摸索经验，激发农民创新创业活力，带领乌尔禾区村民努力建设社会主义新农村，为村民增收致富助力。

扎根棉田三十二载　不渝为农践行初心

——记博尔塔拉蒙古自治州精河县科技特派员王大光

■ 个人简介

王大光，中共党员，精河县农业技术推广中心推广研究员。主要从事棉花良种繁育、棉花栽培技术研究及推广、科技宣传与培训、科技示范基地建设等工作。曾获得国家级奖励 3 项，并多次荣获博尔塔拉蒙古自治州、精河县"优秀科技特派员"称号。

一、深耕田野，义无反顾，始终奔波于农业技术推广第一线

在精河县的广袤田野上，无论严冬酷暑，人们经常可以看到一个忙碌的身影在农田中或在农户家中指导培训农业技术、宣传惠农政策、与农民促膝交谈，他就是精河县农业技术推广中心推广研究员王大光。今年 54 岁的他，因常年奔走于田间地头，帮助农民解决难题，被各民族农民朋友们亲切地

王大光（右一）在讲解棉花种植技术要点

称为"王老师"。

从 1989 年工作开始，王大光的人生就和"新疆棉花"紧密地联系在了一起。为了更好地服务精河县棉花生产，农忙时节，他一天要跑几十千米的乡村小路，坚持到田间地头服务，利用自己掌握的知识帮助农民解决各类难题，促进农业增效、农民增收；农闲时期，他根据项目研究和生产实践，总结适宜本地的优质高效栽培技术，制作成课件和科技资料，进村入户宣传培训。

32 年来，他始终奋战在棉花科技研发一线，长期承担国家和自治区品种区域试验、种子工程新品种展示示范基地建设，积极开展棉花良种繁育基地建设。他始终如一地坚持将指导农民应用新技术、传播农业新知识、发展农村经济、农民致富作为自己的神圣使命。同时，通过"科技之冬""送科技下乡活动""新型职业农民素质培养提升培训""乡村干部综合素质培养提升培训"，以及在新冠疫情期间的线上培训等多种形式，在精河县传播农业新信息、新技术，并为农民答疑解惑。

二、根植沃土，推广技术，用科学技术引领产业发展

在工作中，王大光始终坚持对农民群众手把手教、面对面服务，并结合实际情况，利用远程培训、微信、电话等多种新型媒体，宣传培训党的各项惠民政策、精河县主要农作物主推品种和主推技术、机采棉提质增效技术、化肥农药减量增效技术等，使各民族农民和农业组织享受到优质高效的科技服务。针对农业专业合作社、种植大户、农业企业，以规模化经营、机械化管理、标准化生产为导向，他积极引进推广新品种新技术，想方设法帮助他们解决资金、生产基地建设和经营管理中存在的问题，降低生产成本，提高经营管理效益，促进优势产业提质增效、特色新兴产业兴旺发展，为推动精河县棉花产业转型升级和提质增效发挥了独特作用。

三、为民解忧，加大培训，努力突破技术瓶颈

农民对新品种新技术接受起来较困难，经常造成减产，作为科技特派

员，不论他有多忙，也要到地里、到农民家里，指导农民如何选择适合的品种，怎样去科学管理才能获得丰产丰收。针对有些农民在化肥使用和病虫害防治中出现的问题，他现场诊断并开好药方，最大程度减少农民的损失。

慎终如始，近年来他为提高宣传推广农业先进实用技术效果，编写了"精河县全民科学素质纲要培训"系列丛书，先后开展科技培训 320 余期、培训农民 3.83 万余人次。面对机采棉优质高效品种较少导致机采棉产量和品质下降成为机采棉生产中"卡脖子"的难题，他不仅引进品种进行多点对比试验，还在不同的生态区域做示范展示，精选出适宜精河县棉区和各民族农民朋友接受的优质高效品种并进行大力推广，2021 年他参与推广的主导品种占到精河县机采棉种植面积的 53% 以上。

四、全力攻关、始终坚持，促进棉花产业提质增效

他全面推广机采棉单一品种种植、测土配方施肥技术、水肥一体化、病虫害统防统治融合绿色防控；通过实施"百亩攻关，千亩展示，万亩示范"推广模式，倾力打造机采棉绿色优质高效综合技术示范区，累计建成棉花原种圃 3 200 亩，棉花良种繁育田 1.6 万亩。他引进与推广适宜机采的棉花优质高效品种，研究品种的综合性状与农业机械化管理配套技术，减少人工投入，示范推广了机采棉种植模式，提高了棉花的机采质量。他扶持培养农民专业合作社 10 个，服务农业企业 5 个，服务区农户人均年增加收入 520 元。

服务成效评价

王大光 32 年如一日，始终奋战在棉花科技研发一线，有力地推进了精河县棉花产业发展，其中，陆地长绒棉的成功引进打破了北疆棉区不能种植长绒棉的限制，填补了北疆棉区长绒棉品种和生产的空白，对促进博尔塔拉蒙古自治州乃至新疆棉花品质结构优化和棉花产业转型升级具有重大创新意义。

不负耕耘　让"科技之花"绽放沃野山川

——记博尔塔拉蒙古自治州博乐市科技特派员黎玉华

■ **个人简介**

　　黎玉华，博尔塔拉蒙古自治州博乐市种业发展中心主任，高级农艺师。撰写学术论文多篇，获得发明专利授权3件、棉花植物新品种权证书1项、实用新型专利授权1件，出版专著1部。曾荣获博尔塔拉蒙古自治州科学技术进步二等奖。

一、扎实耕耘，让科学技术转化为累累硕果

　　"有问题就找科技特派员！"从"靠天吃饭"到"科技兴农"，科技特派员黎玉华走进了博乐市乌图布拉格镇乡亲们的心里，她让当地农民群众尝到了科技的甜头，不光腰包鼓了起来，脑袋也富了起来。

　　多年来，黎玉华扎实耕耘，让科学技术转

黎玉华（左）在开展特色旱稻种植技术指导

化为田间地头的累累硕果。2008—2009年，她在博乐市乌图布拉格镇小麦种植区8个村队连续两年推广冬春小麦高产超高产综合栽培技术，累

计种植冬春小麦 4.2 万亩，滴灌春小麦最高产量突破博尔塔拉蒙古自治州历史记录，亩产 683 千克；她两年累计推广粮食滴灌 3.48 万亩，其中滴灌玉米 1.86 万亩，小麦 1.62 万亩，总增产玉米和小麦 5 951 吨，总节本增效 678.6 万元。乌图布拉格镇小麦种植户岳思亮每次见到黎玉华，都拉着她到家中做客，向她请教小麦的先进种植技术，在岳思亮心里，科技特派员才是最可爱的人，有了他们的技术指导，小麦种植高产再也不是梦想！

二、深入田间，积极开展特色作物科学种植技术推广应用

随着农业产业技术的发展，特色种植已成为农民群众增产增收的新途径，为解决当地群众在特色种植产业中遇到的各种难题。从 2010 年起，黎玉华开展了新型特色作物、蓝莓、酿酒葡萄、加工番茄和马铃薯新品种的引进示范和育苗移栽、节水滴灌、绿色防控、配方施肥等新技术推广应用及高产创建等。其中蓝莓基地有 12 座大棚，每座棚可实现 5 万元收入。葡萄基地 2 000 亩，亩产达到 4 吨，酿出的葡萄酒口感好，畅销全国各地，不仅为当地富余劳动力解决了就业问题，还为当地打响了一张特色农业旅游名片。与此同时，她还牵头在当地进行 200 座蔬菜种植大棚项目，特色蔬菜种植 26 座，引领博尔塔拉蒙古自治州蔬菜种植技术，从育苗移栽、节水滴灌、配方施肥、病虫害绿色防控等技术总结出特色蔬菜种植技术规程，有效促进了博尔塔拉蒙古自治州特色作物产量和品质的提高。

博乐市乌图布拉格镇是博尔塔拉蒙古自治州的棉花主要产区，在棉花种植技术上，黎玉华认真钻研，参与多项技术研究工作和课题，丰硕的科研成果为当地棉农解决了从土地地力检测、播种、灌溉、施肥、田间管理到棉花采收等一系列关键性难题，累计推广棉花病虫害绿色防控配套技术措施 231 万亩次，节省化防费用 644.9 万元，挽回皮棉损失 3 633.7 吨，总增产 1 070.6 吨皮棉，总增效益 7 481.0 万元。

三、加强技术研究，积极推动棉花生产全程机械化进程

黎玉华参加完成多个关于棉花产业发展的重要性课题研究，改进了化肥的不合理施用对作物品质、收益和土壤环境带来的不利影响；她研究的粮棉综合配套膜下滴灌水肥一体化技术为当地农业灌溉高效节水技术推广提供了技术依据。在她的帮助下，当地棉农通过引进采棉机，推广机采模式精量播种、脱落叶催熟剂喷施、田间转运等配套机械化技术，基本形成棉花生产全程机械化作业体系，初步实现棉花生产全程机械化。

四、成效显著，增产增收让百姓其乐融融

20 年间，作为科技特派员的黎玉华通过技术创新提质增效，为当地农民群众增产增收提供了有力保障。她牵头对博乐市棉种、销售及良繁进行严格检验和田间指导，棉种试验涵盖了区域试验、生产试验、展示等 3 种试验类型。2020 年她及时联系麦种 330 吨，圆满完成了博乐市的春麦种子供应任务，保证了春耕生产顺利进行。在春播期间，她和同事们进一步规范农资市场的统一管理，在市场内设置芽率室一间，方便农资店做农作物的芽率检测，杜绝未备案、不合格农作物种子进入市场。

服务成效评价

黎玉华从事农业科技 20 多年来，不负耕耘，利用自己的所学所研不断提高农民群众科学文化素质，让老百姓掌握脱贫致富的"看家本领"，用知识"武装头脑"，彻底断掉"穷根"，让"科技之花"绽放于沃野山川，在科技助力乡村振兴中做出很大的贡献。

牢记使命　做畜牧业高质量发展的领路人

——记博尔塔拉蒙古自治州精河县科技特派员居马江·居马别克

■ **个人简介**

居马江·居马别克，精河县畜牧兽医站农业推广研究员。主要从事牛羊冷配、同期发情、绵山羊体外人工授精等技术培训，以及种畜禽引进和鉴定、养殖业发展、禁养区限养区划定污染治理等工作。获得实用新型专利授权2件，荣获国家、自治区、州级等各类荣誉称号和奖励7项。

一、技术过硬，狠抓牛羊冷配技术推广落实

居马江·居马别克多年来狠抓牛冷配技术，肉羊、绒山羊冷配及改良技术，指导精河县各冷配站点供应和采购液氮冻精，引进性控冻精、进口冻精结合同期发情技术，引进绵山羊腹腔镜体外授精技术，提高牛羊群冷配技术覆盖率。他依托精河县草原畜牧业转型示范县建设资金，支持良种扩繁母畜，年争取补贴冻精1万～2万支，全县完成冷配母牛0.5万～1万头，完成引进安格斯母牛525头，鉴定博尔塔拉蒙古自治州（以下简称"博州"）外引进良种母牛2 738头，共补贴1 000头新疆褐牛良种母牛和3 000只良种肉羊，补贴资金1 082.2万元。此后，老百姓饲养良种母畜的积极性日益提高。结合良种母畜补贴政策，他利用冷配技术扩繁良种牛羊群，精河县牛的数量增加到4万多头，母牛数量增加到2万多头，个体产肉量提高到300千克，农牧民人均收入达到2万元以上。在他的帮助下，

共有养殖户 185 户、冷配员 25 人走上致富之路。

居马江·居马别克（左）开展包虫病等人畜共患病免疫工作

二、推广示范畜牧兽医新技术，不断提升畜牧业科技含量

居马江·居马别克针对本县畜禽品种结构不合理、良种比例低、成本高、个体产肉量提升不明显等问题，应用小畜换大畜、从博州外引进牛羊补贴等政策，积极推进农区畜牧业规模化标准化发展，不断增加肉牛存栏量，提高肉牛良种比例，推进草原畜牧业转型和畜禽鉴定，确定畜禽数量和品种资源分布方向。他推动当地特色养殖发展，保障奶制品安全生产，加大种草种料，推广制作青贮饲料，提高质量，推进放牧加补饲，减轻天然草原压力，促进生态恢复。

针对畜牧专业人员不足、畜禽品种鉴定能力低的问题，他还深入每个乡村，带领专业人员和村级防疫员现场边培训边鉴定，用两个多月时间顺利完成品种鉴定任务，提高了乡村畜牧兽医人员的畜禽遗传资源鉴定能力，为后期 3 年保质保量完成畜禽遗传资源普查工作打下了坚实的基础。

他将畜禽禁养区、限养区划定工作和粪污污染治理工作相结合，编写了适合本地实际的畜禽禁养区、限养区划定方案。他提出要治理污染养殖场，养殖区和居民区分离，推进规模化养殖场化粪池、堆粪场建设，粪污发酵生产有机肥并还田，为养殖合作社（公司）和农区畜牧业规模化标准化发展打下基础，在促进绿色农业生产、人居空气净化等方面取得了良好的社会效益。

三、加大畜牧兽医技术培训工作力度，培育新型农牧技能人才

居马江·居马别克积极组织开展畜牧新技术操作培训，将理论和实际操作相结合，三年间共完成职业技能培训 70 余次，培养了一批掌握新技术的畜牧兽医人才、新型农业技能人才、养殖大户和农牧民，共计 2 000 余人次。经过技术培训的冷配技术人员，年完成冷配 1 万头以上，平均受胎率达 90%，推动了当地畜牧业生产高质量发展。

服务成效评价

居马江·居马别克作为一名光荣的中共党员，针对精河县畜禽品种结构不合理、良种比例低、成本高、个体产肉量提升不明显等问题，应用中央、地方财政补助项目，有序推进了农区畜牧业规模化、标准化高质量发展。

枸杞地里盛开科技花　助力枸杞产业发展

——记博尔塔拉蒙古自治州精河县科技特派员赵玉玲

■ **个人简介**

赵玉玲，中共党员，精河县枸杞产业发展中心主任，高级工程师，精河县枸杞协会会长，精河县枸杞产业技术带头人、专家顾问团成员。曾荣获国家林业和草原局"最美林草科技推广员"、中国林业产业突出贡献奖一等奖、科技部和自治区优秀科技特派员、自治区林业科技先进个人等荣誉。

一、强化科技攻关，推动新疆枸杞产业科技创新

赵玉玲带领科研团队选育本土枸杞新品种 5 个、新品系 7 个，精河县枸杞硬枝扦插、嫩枝扦插的成活率已从过去的 20% 提高到 85% 以上。枸杞新品种推广种植后效果良好，得到农民的认可和好评，目前已改造更新老枸杞园 8 万亩。

她牵头组建了新疆枸杞"科技创新团队"，建立"专家＋农技人员＋基地"的服务体系，培育推广精杞 4 号、精杞 5 号、精杞 7 号、新疆黑枸杞 4 个精杞系列新品种，研发的枸杞啤酒、枸杞原浆、枸杞维生素功能饮料、枸杞卡瓦斯、枸杞酒、枸杞汁、枸杞芽茶、枸杞明目胶囊、枸杞酵素等 20 余种自主知识产权系列产品，现有专利授权 10 件，实现枸杞产业助力乡村振兴战略实施目标。

她带领枸杞产业科研团队积极组织营销大户研发枸杞鲜果烘干设备和技术，示范推广枸杞制干设备 352 台（套），年烘干枸杞干果 8 000 余吨，

共增收 400 余万元，解决了阴雨天和秋季枸杞制干难题。她还带领科研团队示范推广光电色选设备 20 台，使枸杞产品色泽度提高了 10 个百分点，保证了枸杞色泽度的一致性，在她的推广带动下，精河县枸杞种植综合机械化率达 83.5%。

赵玉玲（左二）向种植户讲解枸杞修剪技术

她让小小的"精河枸杞"跃上了国际舞台，为"精河枸杞"在国内国际市场双循环中提供了一张便利的"入场券"和"金名片"。"精河枸杞"作为新疆第一个获得欧盟认证的林果产品品牌纳入首批 100 个与欧盟地理标志保护产品交换中的农产品。"精河枸杞"连续多年入选中欧地理标志协定保护名录，并先后荣获第三批全国名特优新农产品名录、国家地理标志产品保护示范区等荣誉称号。

二、强化科技服务，助力农民增收致富

赵玉玲引入两家知名枸杞科技服务公司，采取"合作社＋销售企业＋电商＋农户"的营销运作模式，把枸杞生产和销售结合起来，达到枸杞优质优价的目的，从根本上解决枸杞农残超标和销售脱节的关键问题。

她推行建立"13家企业+25家合作社+村党组织+种植户+13名专家服务团队+金融"的生产模式，企业负责收购、销售和加工枸杞干果、鲜果，采取企业认领生产基地，订单生产、保护收购、生产全过程监控等措施与合作社枸杞种植户建立了紧密的利益联结机制，推进枸杞种植规模化、标准化发展，为枸杞产业持续健康发展奠定坚实基础。

截至2022年，精河县已经建立绿色枸杞高标准示范园8 500亩，为枸杞出口打下了坚实的基础。这一切离不开赵玉玲34年来对枸杞科技研发和技术推广工作的执着坚守，她攻克了新疆枸杞生产中的实际问题，示范推广的枸杞资源鉴定、枸杞嫩枝繁育、枸杞机械化栽培等多项技术达到国内先进水平，辐射带动受益农民近1.9万户。

三、强化科技宣传培训，推动科普进村入户

"普及枸杞科技仅靠科技人员的力量是不够的，我们要培养一批乡土科技人才，从根本上提高枸杞种植户的科技素质。"这是赵玉玲时常挂在嘴边的一句话。

近年来，赵玉玲充分利用自治区"百千万培训计划行动——林果科技进万家"、科技之冬、科技三下乡、自治州新农村建设"百人宣讲团"宣讲活动等时机，举办枸杞示范田田间管理现场会358次。赵玉玲已带领科技人员举办枸杞生产技术培训班553期，有效提高了枸杞种植户的科技素质，培养了一批懂技术、会管理、善经营的枸杞栽培能手。

服务成效评价

赵玉玲工作34年来，始终坚守农业技术推广基层一线，恪尽职守、兢兢业业，攻克了新疆枸杞生产中的实际问题，示范推广的枸杞资源鉴定、枸杞嫩枝繁育、枸杞机械化栽培等多项技术达到国内先进水平，为新疆枸杞产业科技创新和可持续发展做出了突出贡献，为乡村振兴战略实施夯实了基础。

打造高产基地 促进农民增收

——记昌吉回族自治州吉木萨尔县科技特派员芦岩忠

■ **个人简介**

芦岩忠，昌吉回族自治州吉木萨尔县三台镇农业技术推广站副高级农艺师，主要从事推广农业新技术、新品种、农牧民技术培训等工作。曾荣获各类科技奖励 9 项。

一、打造农业高产示范基地、选树科技示范户

芦岩忠在多年乡镇农业工作中，积累了丰富的经验，如对测土配方施肥、高产栽培技术、病虫草害的防治、统防统治等有着独特见解和经验。他以农业增效、农牧民增收为目的，以科技服务为宗旨，认真落实各项农业科技推广工作，取得了良好的成绩。他每年落实各种作物高产科技示范基地 5～6 个，五年来累计打造各类示范基地 20 万亩，产量提高 12%，亩增收 100～200 元，起到了示范带动作用。他建立科技特派员联系卡，制订工作方案并实施，组织示范户参观学习、互观互学、互相交流，每年指导8～10 次，下村指导 85 天，使示范户作物产量比其他农户提高 8%～10%以上，亩增产 80～100 千克，亩增收 100～150 元，通过示范带动其他农户每年 200 户以上。

他每年指导高产栽培技术 6 000 亩，配方施肥 7 000 亩，病虫草害防治12 000 亩，统防统治 5 000 亩，解决农业生产问题 15 项，落实高产示范点5～6 个，推广新品种 3～4 个、新技术 1～2 项，落实示范户 20 户，指

导建档立卡户3户，指导蔬菜种植示范户15户，为今后农业发展打下坚实的基础。

芦岩忠（右二）指导玉米高标准示范基地田间管理

二、以科学种田为方向，推广农药残留和病虫害监测

芦岩忠从播种到田间管理到病虫害防治都能及时指导，他经常到田间地头及种植大户、农户家进行技术服务。他严格按照县政府的要求开展有机磷、氨基甲酸酯类农药残留检测，每年蔬菜快速检测600个以上样品。在夏季农作物生产过程中，他定期或不定期下村进行巡查，加大巡查力度，如农药安全使用、农药包装的收藏与处理、农药使用的方法及间隔期、喷药人员的安全等，共检测1 161个农产品样品，完成玉米检测5 000亩，完成种植业环境污染抽查2个村黄蒿湾村和羊圈台子村各10户。他协助完成地膜环境污染抽查2个村黄蒿湾村和羊圈台子村各10户。

他每月进行一次田间技术指导，主要指导作物高产、防病虫草害、配方施肥、氮磷钾合理使用、叶面追肥、有机肥使用等。在他的指导下，各种作物亩产逐年提高：玉米亩产达到1 200千克，冬小麦亩产达到720千克，番茄亩产达到 12 000 千克，西葫芦亩产达到 300 千克。农户人均年收入有了大幅度的提高，由以前的 5 000 元提高到现在的 12 000 元以上。

三、注重实效，面向农民实际需求开展技术培训

芦岩忠利用各种形式、各种场合，到村上进行技术培训和咨询，培训内容通俗易懂，以实用、实效、实际、方便为目标，以高产高效特色作物为重点，以病虫草害的预防为主、综合防治为措施，以生态保护、绿色产品、农产品安全质量、农业可持续发展为目的。他每年落实科技示范户 20户，累计 560 户，每年培训 8～10 场次，累计培训 600 场次，培训和咨询人数达 150 000 人次，通过培训使农户掌握 1～2 项种植技术。他累计发放农业科技宣传材料 15 000 多份，通过培训和发放宣传材料，以及田间地头的指导，使当地农作物产量逐年提高，农牧民收入大幅度增加，实现了农业增效、农民增收。

服务成效评价

芦岩忠以农业增效、农民增收、可持续发展、绿色发展为目的，结合自己的在田间地头的工作实际，解决了一系列农业种植技术问题，他经常到田间地头及种植大户家、农户家进行技术服务，受到了村民们一致好评。

根植产业促发展　奉献热血为乡村

——记昌吉回族自治州奇台县科技特派员尕尼玛特·玉斯巴里

■ 个人简介

尕尼玛特·玉斯巴里，奇台县动物疾病预防与控制中心高级兽医师，主要负责奇台县畜牧业养殖培训和品种改良及技术指导工作。

一、深入生产第一线，带领和指导基层技术人员开展技术服务工作

尕尼玛特·玉斯巴里在奶牛性别控制冻精推广工作中，深入农牧区养殖户和各个牛场及养殖小区，以多种形式引导基层专业技术人员和养殖户推广应用这项技术，认真解决生产中的诸多问题。在工作中，他深入生产第一线带领和指导基层技术人员完成了人工授精、选种育种及疾病预防控制等。

他每年对规模较大的种畜禽场进行多次督查，规范种畜禽场的生产经营秩序，协调和解决生产经营中的技术难题和实际问题，推广种畜禽生产的先进技术，将性控冻精的推广应用和优质肉羊改良与生产实际相结合，为推动奇台县种畜禽管理和牲畜品种改良工作提供了可借鉴的实践经验。近年来，共完成胚胎移植授精羊 2 900 只，产羔 2 765 只，完成肉羊人工授精羊达 20 余万只，合计产羔 21 万余只。

二、开展动物检验检疫工作，积极调动养殖户发展产业积极性

尕尼玛特·玉斯巴里在奇台县共完成检疫动物 18 万余头（份），皮张 80 余万张，毛、骨 6 118 吨。他参与动物疫情监测工作，检测禽流感抗体 1 万余份，检测动物口蹄疫 1.7 万头（份），送检样本 0.7 万头（份）。他开展动物"四大慢病"检测 0.9 万头（份），完成了 900 个养殖户的 6 100 头牛、16 010 只羊、10 800 头猪的流行病学调查任务，使当地畜禽强制免疫密度达到了 100% 的目标。

尕尼玛特·玉斯巴里（中）向农户讲解家禽养殖知识

他采取理论与实践相结合的方式上门指导农户，对农户养殖的家畜进行品种改良，组织各乡镇育种员为困难家庭免费人工授精两头牛。他充分发挥专业人才的技术优势，理论授课和现场指导解答难题共 30 学时，解决养殖户在生产中遇到的实际问题和技术难题，切实增强养殖户自身"造血"功能和自我发展能力。

三、理论与实践相结合，认真办好畜牧业养殖技术培训班

　　尕尼玛特·玉斯巴里举办的畜牧业养殖培训班主要以理论与实践相结合的方式，共授课达 300 余学时，其中组织理论授课 400 余场次，现场实践操作 300 余场次，培训农牧民 5 500 余人次，印发宣传资料 1 万份，同时还结合自己多年积累的理论与实践经验，指导各乡镇兽医技术人员和养殖场及农户推广应用新技术。

　　在克孜勒苏柯尔克孜自治州阿合奇县挂职期间，他根据当地畜牧局的任务需要开展工作。他开办的为期 10 天长达 40 学时的"现代畜牧养殖"培训班，重点讲解了新疆畜禽品种与现代畜牧业、肉羊育肥技术、高产奶牛养殖技术、人畜共患病防治、家畜禽疫苗使用管理、国内外家畜品种介绍、牛人工授精实践操作等课程，参加培训的人员有养殖场工作人员、养殖户、村级防疫员及乡镇畜牧兽医专业技术人员共 160 余人。他还为当地牧民的家畜进行病情诊断和母牛发情鉴定等，受到了广泛好评。

服务成效评价

　　尕尼玛特·玉斯巴里在工作中深入生产第一线，带领和指导基层技术人员完成能繁母牛的组群和冻精配种工作，在奶牛性控冻精推广工作中，深入农牧区养殖户和各个牛场及养殖小区，以多种形式引导基层专业技术人员和养殖户推广应用奶牛性控繁育技术，解决生产中的诸多问题，为当地畜牧产业健康和高质量发展做出贡献。

长期基层耕耘　促进农牧民致富

——记哈密市巴里坤县科技特派员姜海春

■ **个人简介**

　　姜海春，中共党员，巴里坤县大河镇农业（畜牧业）发展服务中心副主任，高级兽医师。长期从事疫病防控、检疫、临床诊疗、畜牧业技术推广与畜禽新品种培育和改良工作。曾荣获自治区家畜繁殖"九星级育种员"光荣称号，主持自治区科技特派员项目1项，主持或参加哈密市科技项目2项。发表论文5篇，取得专利授权1件。

一、开展畜禽防疫、检疫和品种改良取得实效

　　姜海春积极贯彻"预防为主，防重于治"的方针政策，将动物防疫作为重中之重，牢固树立全心全意为人民服务的思想，主持并参加动物防疫工作，累计完成口蹄疫免疫119.16万头（只），羊小反刍兽疫免疫32.6万只，羊痘病免疫86.7万只，禽流感免疫48.2万羽，羊梭菌性疾病免疫20.5万只。他建立健全防疫档案，使防疫工作走向规范化、科学化，完成重大动物疫病防疫工作任务，有效预防各类动物疫病的发生，减少养殖户的损失，受到养殖群众的一致好评。

　　作为基层执法单位的动物检疫员，他坚决按照动物免疫标识管理办法和产地检疫规定要求，积极组织给动物佩戴免疫耳标工作，加强管理主要交通要道牲畜的流通，依法开具产地检疫证明，检疫牛2 023头，羊23 600只，使重大疫病做到了有效的防控。他对养殖户能始终做到随报随检，检

后出证，方便养殖户及时出售活畜，调动他们养殖积极性，这种以检促防的工作方法，带来了良好的效果。

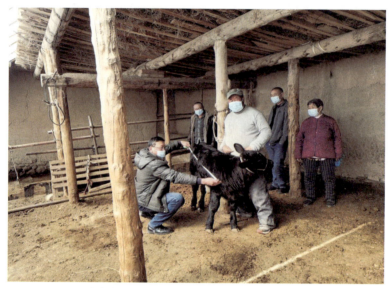

姜海春（左一）对改良的犊牛进行体尺测量

二、发挥优势，积极开展牲畜临床诊疗及品种改良技术服务

姜海春对动物疾病的预防、诊断和治疗颇有经验，累计为大河镇养殖户诊治病畜 3.629 万头（只），治愈 3.349 万头（只），治愈率达 92.3%。其中牛 1.892 万头，为养殖户挽回经济损失 946.1 万元。其他牲畜 1.737 万头（只），挽回经济损失 505.5 万元。不管白天黑夜，他始终能做到养殖户随叫随到，及时出诊，不延误病情，适时对症治疗，保障畜牧业的正常生产。他完成了黄牛人工授精 5 210 头，情期受胎率 78%，年总受胎率 93.36%，通过"良种补贴"项目引进活体西门塔尔牛种公牛 5 头，活体萨福克羊种公羊 22 只，牵引交配改良牛犊 1 560 头，改良羊羔 5 260 只，促进养殖业增收，人工授精牛犊每头增收 2 000 元，改良羔羊每只增收 110 元，为养殖户增收 1 033.4 万元。

三、注重培训，深入一线推广牲畜科学饲养管理技术

姜海春积极培育养殖专业合作社，长期对合作社进行技术指导，深入生产一线，深入牛棚羊圈，运用通俗易懂的语言向养殖户传授科学技术，结合实际生产需要进行技术指导。通过他的指导，每头牛可增收 350 元以上，每只羊可增收 80 元以上，累计生产指导牛 10 260 头，羊 268 600 只，共计提高养殖效益 573.9 万元。他每年都面向农牧民开展技术培训，深入村组、养殖小区，对广大农牧民群众进行面对面地宣传《动物防疫法》《草原法》等法律法规和牲畜养殖适用技术，用群众听得懂、记得住的语言，有针对性地进行动物饲养管理、繁殖技术、舍饲育肥、疫病防治等方面的培训，培训农牧民家庭骨干技术员，耐心细致地解答养殖户提出的具体问题。他累计组织技术培训 187 场次，培训农牧民 5 886 人次，印发宣传资料 16 万份。通过传帮带，每年新增养殖示范户 3～5 户，有力带动了农牧民通过发展养殖增收致富的积极性，受到了广大养殖户的热烈欢迎。他参与指导育肥牲畜 23 万头（只），指导修建温室暖圈 185 座。

服务成效评价

姜海春通过自身努力，对哈密市的畜牧业发展做出了一定的贡献。他作为一名优秀的基层科技特派员，坚持扎根一线，为基层种植合作社提供技术支持，向农牧民开展牲畜饲养与疫病防治技术培训，让农牧民的养殖技术有了显著提高。作为一名动物检疫员，他积极向广大农牧民宣传相关法律法规，让养殖户能够在养殖方面建立法律意识，减少动物疫病传播。

科技的传播者　农民的好帮手

——记哈密市巴里坤县科技特派员蔡春雷

■ **个人简介**

蔡春雷，中共党员，巴里坤县农业农机技术推广中心党支部副书记，高级农艺师。主要从事农作物栽培、土壤肥料、农业技术推广等工作，为巴里坤县种植户提供农业新品种、新技术、新产品的引用试验示范、推广应用、科技培训、技术指导和服务，以及惠农政策、农业相关法律法规的宣传等。曾主持和参与国家级、自治区级及其他科研项目几十项，发表学术论文9篇，编写本地实用技术手册5本，发布农作物技术规程6个，荣获自治区科技进步三等奖1项，荣获自治区、市级各类荣誉称号4项。

一、坚守初心，默默付出，把先进实用的种植技术传授给广大农民

作为农民的儿子，蔡春雷深知，能够走出农村，拥有今天的知识能力，都是党和国家给予的，能有幸参加工作，拥有美好的生活，都是党和人民给予的。"鸦有反哺之义，羊有跪乳之恩"，作为新时代的农业科技特派员，理应乐于奉献，务实担当，把最好的自己回报给农民，回报给社会。十几年来，他从一名刚毕业的农村孩子，到一名县级农业科技骨干，完成了从理论到实践的升华，一路走来，一步一个脚印，在平凡和真实中，凝聚着他痴情于农、服务于农的拳拳情怀。

农业技术推广工作涉及面很广，他及时总结经验和改良技术需求，把

自己的理论和实践用浅显易懂的语言向农民讲解。为把试验、示范得到的成果向社会推广，得到农户的认可，他和同事们常年深入一线，不断更新农业技术试验、示范要求，通过建立试验基地、示范田，将新品种、新技术、新成果展示给农民看，让农民看到后学着用，主动接受先进实用的种植技术。截至 2022 年，他共组织现场观摩、培训 200 余场次，培训农民 3 万余人次，通过开展科技三下乡活动、利用三农服务热线等年接待农民技术咨询 3 000 余人次，取得了较好的社会效益。

蔡春雷（右二）在查看小麦生长情况

二、找准问题，不断探索，坚持用自身努力解决产业发展难题

春小麦是巴里坤县农业主导产业，常年小麦种植面积 26 万亩左右，巴里坤县农业生产基础条件一般，农业生产成本投入大，小麦产量与质量品质普遍不高。为了解决这一问题，蔡春雷积极探索学习，并向相关部门和行业专家请教，带领同事们深入田间地头进行技术指导，开展宣传培训，改变农民的传统施肥观念等。

通过技术推广，实现了有机肥与无机肥相结合，提高了化肥利用率，改善了土壤环境，推广了生态理念，探索出了一条量质双赢、农业与环境永续的发展之路。连续三年在巴里坤县全面推进 36 万亩，在每亩追肥减量 20% 的情况下，合计增收 2 912.9 万元，节肥 1 459.6 吨，让农民有了真正的幸福感和获得感，全县受益农民达六成以上。

为了解巴里坤县土壤地力状况和供肥能力，他带领同事们到全县各个乡镇的农田采集化验分析所需的土壤样品和植株样品，通过实验室分析，形成了巴里坤县土壤主要养分丰缺分布图，在主要土壤种类和主推作物上开展了供肥能力、化肥减量增效等试验 200 多项次，推广的春小麦标准化种植、测土配方施肥、有机肥替代、化肥减量增效、秸秆还田、水肥一体化等实用技术累计实施达 500 万亩次以上，推广技术覆盖率达 95% 以上，平均亩增产 9%，累计增产 4.5 万吨以上。

三、深入开展调查研究与试验示范，全面了解农作物生长情况

为更好地指导巴里坤县农作物生产，蔡春雷和单位同事踏遍了全县所有不同类型的地块，对关键时节农作物长势等进行普查，通过科学取样、认真考种、分析数据，及时总结反馈给当地农户。他通过引进新品种 53 个，对比试验 116 个，建议示范推广 15 个，大面积示范推广高产优质新品种 8 个，推广面积 70 余万亩，累计增产 1.3 万吨以上，促进了巴里坤县农业生产水平的提高和品种更新换代的步伐。同时他主编或参编印发作物高产栽培技术宣传材料、测土配方施肥明白卡等资料 20 万份以上，撰写农业方面信息 200 余条，进一步拓宽了农业技术传播途径。

服务成效评价

蔡春雷一直注重开展农作物试验和推广，他主持或参与完成了春小麦、马铃薯、油菜等作物新品种的引进和对比试验，完成了巴里坤县农作物品种的布局利用与考察，积极推广了化肥减量增效技术，达到了共赢的目的，促进了巴里坤县农业生产水平的提高和品种更新换代步伐。

密切联系群众　农民朋友的贴心人

——记哈密市伊州区科技特派员卡得尔·阿布都热衣木

■ **个人简介**

卡得尔·阿布都热衣木，中共党员，哈密市农业农机技术推广服务中心植物保护科科长，高级农艺师。主要从事农业新技术推广和新品种区域性试验示范工作。曾发表论文 4 篇，制定标准 5 项，获得实用型专利授权 2 件。获得各种荣誉称号 5 项。

一、引进小麦新品种、新技术，全心全意为人民服务

卡得尔·阿不都热衣木多年从事农业科技服务工作，开展多项农业技术研究和推广，密切联系群众，热情服务，受到党员和群众的一致好评。他充分发挥自身优势，积极谋思路，出点子，抓落实，深入田间地头，手把手教农民栽培技术、病虫害防治、科学施肥、田间管理等技术，科学开展农业结构调整，为农业产业发展、农业增效、农民增收提供了坚实的技术保障。他种植 200 亩小麦优良品种种子田，以点带面，带动周边种植农户 300 多户，开展技术培训 7 次，培训 245 人次；推进了结对帮扶村科技产业的发展和经济结构调整，促进了农业增效和农民增收。

为了提高广大农户的科学种地水平和新技术的推广普及，他积极深入基层、深入田间地头，利用农闲集中办培训班，宣讲科技知识，发放科技含量较高的专业技术资料，累计举办培训班 58 期，培训农业技术骨干和农户 5 600 人次，发放资料 8 655 份，开展无偿技术咨询 1 000 多次。

卡得尔·阿不都热衣木（右二）在板蓝根种植现场进行技术指导

二、以科技服务助农增收为主线，开展设施农业提质增效技术服务

　　卡得尔·阿不都热衣木重点在淖毛湖镇、苇子峡乡、下马崖乡开展特色产业晚熟哈密瓜种植科技培训、田间管理、农业结构调整指导服务，在吐葫芦乡、前山乡开展设施农业提质增效技术服务。他落实哈密瓜科技示范田 800 亩，辐射带动服务 1 万亩，平均商品率达到每亩 2 200 千克，亩效益达到 5 000 元，设施农业服务 21 座日光温室，其中草莓 14 座，西红柿、辣椒、豇豆等蔬菜 7 座，亩产值达到 1.2 万元，下马崖乡特色洋葱 10 亩，亩产量达到 3 500 千克，亩效益达到 3 万元以上，为实现伊吾县全年农业产业发展、农业增效、农民增收提供了坚实的技术保障。

　　他深入开展前期科技服务摸底调研，摸清服务点基本情况及科技服务需求，扎实开展田间技术指导服务，做到了服务点底数清，任务明，已开展哈密瓜标准化优质高效栽培，农家肥腐熟发酵，哈密瓜种子处理，哈密瓜病虫害绿色防控，设施草莓栽培、育苗，番茄、辣椒、豇豆种植、病虫害防治培训班 28 期，现场指导 94 场次，电话、微信线上咨询服务 138 次，累计参与服务技术人员 382 人次，服务农民 2 102 人次，建立科技示范户

85 户、科技示范田 2 500 亩，辐射带动晚熟哈密瓜 3.8 万亩。

三、突出示范带动，做好特色农作物土传病害防治技术服务

卡得尔·阿不都热衣木以点带面，积极开展哈密瓜新品种、种子处理剂新材料、土传病害防治生物菌剂、微生物菌肥引进试验示范。引进哈密瓜新品种 30 个，种子处理剂 1 个，预防细菌性角斑病。引进恶霉灵·乙酸素、地衣芽孢杆菌、能百旺微生物菌剂、含氨基酸水溶肥、微生物菌肥等新型生物农药、微生物肥料 8 种，建立哈密瓜化肥减量增效、病虫害绿色防技术试验示范田 300 亩。

他积极开展农业科技攻关，创新绿色哈密瓜膜下滴灌集成技术体系，研发 7 项关键技术，建立了晚熟哈密瓜膜下（加压）滴灌高产田 3 000 亩，平均亩产 3 420 千克，亩产值 4 360.5 元，制定 14 项技术标准和规程，累计示范推广哈密瓜膜下滴灌生产技术 10.1 万亩，平均亩产 2 690 千克，总产值 2.606 亿元，节约成本 1 579.91 万元，总经济效益 2.764 亿元。

服务成效评价

卡得尔·阿不都热衣木通过田间对比试验，结合农作物历年发病情况田间调查，形成了化肥减量增效、病虫害绿色防控新模式、新途径，多举措提高化肥、生物农药利用效率，预防控制土传病害发生，持续推进化肥农药、农药减量化，对蔬菜病虫害防治、果树修剪、科学施肥等技术进行全面跟踪服务，为产业健康发展做出了贡献。

甜蜜事业追求者　致富路上领路人

——记吐鲁番市高昌区科技特派员王艳

■ **个人简介**

王艳，吐鲁番市鑫科园艺作物研究所推广研究员。主要从事收集、整理新疆西瓜、甜瓜农家品种，培育抗性好、品质优、外观、口感差异化的新品种等。

一、育繁推一体，加快品种的推广速度

王艳将选育品种和繁育种子紧密结合，对表现力较强的组合亲本材料进行扩大繁殖，并提前配制 10 千克左右的 F1 种子，以备小面积示范推广用种。她经过多季试种表现较突出的组合扩大面积种植后，成熟期集中举办品种鉴评会，邀请瓜商与消费者品尝评价，瓜商确定计划推广的品种，根据推广需求安排种子的生产计划。

她给自己培育的西瓜、甜瓜品种命了具有文艺范儿的名字，这些名字代表着她对西瓜、甜瓜育种事业的执着追求。她说农业是漫长、枯燥、需要长期坚持的事情，不需要花哨，但农业的产品是面向所有消费者的，希望消费者在品尝甜蜜的时候，能够看到农业工作者的用心，这样，农民生产出的产品才能够成为商品，得到回报。

二、明确育种目标，培育差异化甜瓜品种

哈密瓜生产中的季节性和区域性过剩、产品同质化造成市场价格低迷，

小生产和大市场的矛盾长期存在，瓜农重产量、轻质量，重效益、轻品牌，种植上有春季早衰、秋季酒味瓜、虫害严重、用药安全等问题。她制订了抗性好、品质高、差异化的甜瓜育种目标，通过选育优良品种，推广配套良种良法，引导农户科学种植，

王艳在展示她培育的甜瓜新品种

增强商品意识，开拓差异化产品的市场空间，提高精细化产品的价格空间，以需求促生产，推广的四个品种在外观、风味上都各具特色，可以满足不同消费群体的需求，最终解决农户的销售问题，提高种植户的收益。

她选育的甜瓜新品种"至爱""瑰蜜"分别在吐峪沟乡洋海村、三堡乡阿瓦提村示范成功，通过扩大种植规模并尝试用电商的模式推广新品，在线上提升新品的热度，降低了新品种推广的成本，缩短了成果转化的年限。"至爱"种植了 1 000 亩，每亩增收 1 500 元，哈密瓜产业成为这两个村振兴经济建设的主导产业。她认为，育种不是一个孤立的事情，应该包括品种选育、种植示范、产品推广，最终实现农民增收，这些环节缺一不可，她在追求甜蜜事业的道路上不断向前。

三、线上线下结合，促进新品种推广

新品种在推广的过程中常会耗费大量的资金和时间，首先一个新品种在推广初期不能种植太大面积，否则一旦种植失败将会带来高额的经济损失，导致示范户没有种植积极性。新育成的品种通常是设施种植 1 亩，大田种植 20 亩，设施种植会提早 10 天上市，成熟时邀请电商经理品尝鉴定，经销商会根据试验地的产量在网上限量预售。"至爱"在 2018 年仅种植了 20 亩，销售 5 000 件，而到 2021 年全国范围内已经种植了 4 000 余亩，盒

马主播来产地做现场直播销售，线上销售"至爱"近10万件，其中在新疆直发3万件，西安中转千鲜汇、云集等线上平台7万件；2021年，线上增加了团队新育成的"初雪"和"雪觅"两个新品，完成了200亩的小面积示范，并增加了三种瓜装一箱的组合装，完成线上销售15万件。

新品种得到消费者认可，在市场上有一定影响力后，一些渠道供应商，如盒马鲜生、叮咚买菜、新鲜时刻等会与种植合作社签订新品的供应合同，由种植合作社与农户签订种植订单，定价不低于4元/千克收购，确保农户在管理及时的情况下亩收入不低于4 500元，博斯坦乡部分农户亩收入达到了7 500元以上，极大地提高了农户的种植积极性。

服务成效评价

王艳通过选育优良品种，推广配套良种良法，引导农户科学种植，增强商品意识，通过线上销售的方法扩大了新品种的市场影响力，开拓差异化产品的市场，加快了新品种的推广，提高精细化产品的价格空间，以需求促生产，最终解决农户的销售问题，扩大了新品种的影响力，提高种植户的收益。

科技育出甜蜜瓜　周年供应促产业

——记吐鲁番市高昌区科技特派员杨军

■ 个人简介

　　杨军，新疆维吾尔自治区葡萄瓜果研究所瓜类研究室主任，推广研究员，国家西甜瓜产业技术体系吐鲁番综合试验站站长、西北露地甜瓜栽培组负责人，国家西甜瓜产业技术新疆的支撑人。主要从事西甜瓜资源、育种、栽培技术研究、示范与推广工作。发表论文 10 篇，参与编制地方标准 5 项，获得自治区科学技术一等奖 1 项，参与选育西甜瓜品种6 个。

一、引领西甜瓜产业技术，依托试验基地开展技术示范和技术服务

　　作为一名科技特派员，新疆西甜瓜产业的技术引领者杨军每年往返于新疆各个西甜瓜主产区，开展西甜瓜种植技术指导与示范，调查研究新疆西甜瓜发展的状况与趋势，指导各地西甜瓜生产。

　　他通过多季节的现场会、品鉴会等方式，向农业技术人员、农民展示新品种、栽培新技术和新装备。在试验点，进行实时的技术跟踪服务，在生产节点，不定时地到示范点进行现场技术指导，同时利用微信和QQ，及时解决农民在生产过程遇到的各种瓶颈问题。

二、开展栽培技术推广，手把手进行技术培训与指导

杨军从整地、种植、蹲苗、整枝打杈、留果和成熟管理进行实地指导。他在吐鲁番市葡萄乡和亚尔乡的设施大棚生产基地指导 5 户农民，进行 7 个设施大棚的哈密瓜生产示范，首次在新疆进行成片整棚的哈密瓜生产。他教农民哈密瓜育苗，示范甜瓜栽培起垄方法，生产中的栽培技术管理，温室的温湿度管理，病虫害防治技术；首次在大棚引进水肥一体化技术，利用 3 天时间亲自为农户安装了 7 个设施大棚，为哈密瓜生产提供了干燥有利的稳定环境；引进蜜蜂授粉技术，不仅保证了设施哈密瓜的绿色生产，也节省了大量的劳动力成本。哈密瓜达到上市要求时，他指导农民销售、制作彩箱，积极联系销售场所，生产的设施哈密瓜品质好、糖度高、风味好，为初期的设施哈密瓜打开了市场和销售门路。

他为解决老产区西甜瓜轮作严重、土壤板结和盐渍化严重导致的果斑病常发现象，在淖毛湖开展农民技术培训，提倡土地深翻，使用土壤修复剂和种子处理示范，解决了当地甜瓜死秧和果斑病问题，培训人员 200 人次，技术示范 3 000 亩。经过一年的努力，当地没有发生明显的果斑病，也没有出现往年的死秧和倒秧现象。

杨军（右二）就设施西甜瓜田间管理与其他技术人员进行交流

针对吐鲁番设施西甜瓜生产技术存在的弊端，不开沟、不起垄、水肥与整枝技术不到位等问题，杨军开展了设施西甜瓜栽培技术现场培训，让农业技术人员与种植大户看到了栽培的新技术和新品种；开展露地甜瓜轻简化栽培技术示范，共计培训人员150人次，示范面积200亩，每亩减少人工成本200元，甜瓜品质显著提高。

在示范基地他每年通过举办培训班、鉴评会等形式示范设施西甜瓜新品种及栽培技术、露地轻简化栽培技术，不仅为农民介绍生产方面的知识，还为大家介绍新疆西甜瓜生产发展现状、面临的主要关键技术难点和产业发展趋势，每年培训人员300人次，引领新疆西甜瓜栽培走向绿色、健康发展之路。

三、制定了哈密瓜复种技术标准，实时跟踪提供技术服务

从温室大棚推广哈密瓜设施栽培技术到露地种植精品哈密瓜，从品种选育到推广，高品质哈密瓜栽培技术示范，贮藏保鲜技术的精准对接与应用推广，杨军把高品质西州密瓜推向全国各地，保证了不同区域的甜瓜生产技术到位，实现了哈密瓜的周年供应。

经过几年的技术试验与示范，他解决了哈密瓜复种的卡脖子问题，制定了哈密瓜复种的技术标准，并实时跟踪提供技术服务，确保了哈密瓜复种的健康生长。他选育的西州密瓜品种品质好、抗病性强，已是甜瓜的知名品牌之一，成为哈密瓜的代名词，每年推广面积在30万亩以上。

他总结归纳出西甜瓜生产上普遍存在的突出问题，形成了《新疆西甜瓜产业发展报告》等生产意见建议。扛起了新疆西甜瓜品牌的大旗，提高了新疆西甜瓜质量效益和竞争力。

服务成效评价

杨军通过研究所的西甜瓜试验基地和示范点，示范新品种、新技术，面向广大种植户开展技术服务，开展专业技术培训，培育推广示范新品种6个，解决了哈密瓜复种的卡脖子问题，制定了哈密瓜复种的技术标准，并实时跟踪提供技术服务，确保了哈密瓜复种的健康生长。

播撒激情和热血　用梦想滋润"幸福树"

——记巴音郭楞蒙古自治州博湖县科技特派员王雨

■ 个人简介

王雨，巴音郭楞蒙古自治州（以下简称巴州）林业科学技术推广中心胡杨林监测室主任，正高级工程师，巴州林学会会长。选育灰枣品种2个，获得发明专利、实用新型专利授权各1件，出版专著2部，发表专业技术论文30余篇，先后荣获自治区、自治州级荣誉5项，获得国家、自治区、自治州级等科技奖励7项。

一、认真执着，精益求精，用真心传授果树科学管理方法

从2009年开始，王雨作为巴州科技特派员，一直致力于对果农和林果专业合作社的科技服务。她立足博湖县油桃生产基地建设，用科技人特有的认真、执着，踏实工作，精益求精，制订技术方案，手把手教农民学习桃园管理技术，确定以油桃简约化整形修剪结合有机、绿色油桃园水肥管理技术为核心的整体技术方案，以高级别桃品质确保农民增收的总体发展目标。她和技术骨干一起以对象精准、方式精准为目标，从春季整形修剪，夏季套袋疏果，到秋季果实收获；从如何区分桃树叶芽花芽，到"Y"字形定干修剪，结果枝"鱼骨状"排布，背上背下枝的疏除，她带着他们手把手教，一棵树一棵树剪，悉心传授，为了便于农民掌握，还总结了桃树管理的顺口溜：一主干两主枝，树冠高度二米七。主枝夹角六十度，东西走向较直立，结果枝组排中间，见到大枝就免谈。主枝上结果枝，干枝比

五比一，不符合剪截疏。细壮枝结果好，连续结果就回缩。病虫枝必须去，过密枝变稀疏，长枝修剪结果好，Y字整形效益高。种植户也从拽着学、试试看，到抢着学、主动问，他们说："我们有了赚钱手艺，以后不愁赚大钱，好日子一定会像盛开的桃花红红火火。"

王雨（右二）向种植户讲解抹芽和摘心专利技术

二、创新思路，科学谋划，构建田园文化综合体

在王雨及其团队的努力下，当地林果业发展实现了从传统农业种植到特色林果基地建设的转变，贫困户完成了从"农民"到"果农"的转变。合作社积极推进油桃产业田园文化综合体建设，逐步实现农区变景区、田园变游园，构建和延伸农业的产业链和价值链。科学发展、生态循环、专业合作、共同致富，在展现良好乡村风貌的同时，还将绿水青山资源有效转化为经济优势和发展优势，农业产业调整也初步完成了由"粗放型"向"效益型"的转变。

三、深入钻研，科学研究，打破特色林果发展技术瓶颈

潮土地带果树安全越冬一直是制约焉耆盆地特色林果发展的瓶颈，如

何确保当年定植 1 600 亩油桃的安全越冬成为摆在王雨面前的头等大事，她查阅气象资料，筛选抗寒品种，总结了桃树全年灾害预防技术要点——农家肥培肥地力，叶面喷肥补充微量元素；N、P、K 精准配方，七月控水、八月控肥、九月基肥要施足、十月穿鞋又穿衣。科技力量让油桃抗寒品种"西域沙王一号"定植成活率和春季油桃保存率均突破了 95%，打破了焉耆盆地特色林果越冬保存率低的"种植魔咒"，目前"焉耆盆地潮土带安全越冬技术"已通过技术发明专利授权。

油桃简约整形修剪技术好学好用，能大幅度降低劳动成本和生产成本，油桃绿色水肥管理技术可提升油桃品质和商品率，她编制的适合巴州生态区油桃种植的《桃园的规划与建立》等 4 个技术规程已获批执行。标准体系的制定为今后以点带面推广油桃简约化栽培模式及桃园良好农业规范（GAP）管理技术，辐射带动焉耆、和硕、博湖和静等油桃适宜种植区 5 万亩桃基地建设的总体发展目标奠定了技术基础。

四、初心不改，一心为民，永远铭记共产党员政治本色

王雨是一个有着 24 年党龄的老党员，2022 年是她担任科技特派员的第 13 个年头，她常说："将有限的生命投入到无限地为人民服务之中去，从来就不是一句空话，李保国这样的行业榜样告诉我党性修养，理想信念只有落实到行动上，落实到工作中才会生动，才会勃发无限的生机。党的初心和使命坚定了我的理想信念，是我力量的源泉，是每个共产党人肩上的责任"。

服务成效评价

王雨牢记共产党员初心，心系果农，深入基层，立足本职岗位，在为农服务的道路上坚定前行，从一滴默默无闻的水珠变成了一朵奔涌向前的浪花，让生命中种下的每一棵树都茁壮成长为通向美好生活的"幸福树"。

脚踏实地　深入为农民群众服务的科技人

——记巴音郭楞蒙古自治州和静县科技特派员雷芙蓉

■ 个人简介

　　雷芙蓉，和静县园艺技术推广站站长，农业推广研究员。从事设施农业技术推广和农产品质量安全检验检测工作。培育设施农业合作社4个，建立了示范基地，获自治州级科技奖励4项，获自治区级、自治州级、县级荣誉称号7项，参与科研项目6项，发表论文3篇，参编专著1部，编制标准及绿色产品等生产技术规程17个。

一、精准对接，推广技术，促进特色农业增产增收

　　雷芙蓉为培育和发展壮大和静县草莓产业，促进温室草莓、蔬菜优良品种和优质高效栽培模式的成果转化，通过在3个村4个合作社开展定点技术服务，帮助合作社选择以温室穴盘育苗为主的栽培模式，开展设施农业新品种、新技术的试验示范推广，良种使用率达100%；推广合理施肥、膜下滴灌、杀虫灯、防虫网、黄板绿色生物防控技术，精准科学施药等技术，提高病虫害防治效果，减少农药的使用量，起到示范带动作用；建立了设施农业示范基地，形成了特色产业带，促进了设施农业提质增效，生产的草莓、辣椒、大白菜远销库尔勒、阿克苏、喀什、库车、乌鲁木齐等地，实现设施蔬菜亩产值2.1万元以上。

二、紧扣需求，技术攻关，解决设施果蔬生产技术难题

雷芙蓉严格把握设施蔬菜、草莓的生产技术环节，面对农民的技术需求，针对温室草莓生产苗的退化、草莓畸形果、品质差、上市集中、草莓红蜘蛛防治效果差、设施农业茬口单一、效益低、中药材贯叶金丝桃温室育苗质量差等问题，带领团队开展技术攻关活动，指导合作社和农户合理安排设施农业茬口，优化生产结构，实现了早春、越夏、秋延后蔬菜生产均衡，提高了和静县蔬菜的稳产保供能力。

雷芙蓉（左二）向种植户讲解设施农业田间管理技术

三、结合特色，挖掘产业，开展技术服务和成果转化

雷芙蓉亲自带着农民干、做给农民看，手把手示范，严格落实关键生产技术措施，依托设施农业生产基地和合作社种植草莓等特色产品，引领团队，先后引进温室草莓品种 8 个，推广设施草莓优良品种 5 个及其优质高产配套栽培技术，促进了科技成果转化，为做优做强巴州草莓产业做出了技术贡献。2021 年，她示范带动草莓采摘园 62 家，形成"科技特派员 ＋合作社 ＋ 农户"的生产技术推广模式，成功举办第五届草莓文化节，加快以草莓采摘为主的乡村休闲农业，保持"农业 ＋"业态良好发展态势，延伸

了设施农业产业链，把农户嵌入草莓产业链条，带动农民增收，促进一、二、三产业融合发展。她服务的和静县希望农产品种植专业合作社集中连片建设日光温室 700 余亩，注册了"艳域"蔬菜品牌商标，承担和完成国家扶持蔬菜标准园建设项目，成为和静县设施农业技术培训孵化基地。她通过技术服务和设施果蔬高效栽培模式的试验示范和推广，推进设施农业的规模化种植、标准化生产、产业化经营；温室亩产值 3.3 万元以上，亩效益 2 万元以上。

四、拓展技术服务，开展实用技术培训，持续培育技术带头人和新的经济增长点

雷芙蓉为了更好地服务合作社，她签订服务承诺书，以技术承包和服务承诺等多种方式，开展设施蔬菜、草莓、加工辣椒、贯叶金丝桃等特色作物温室穴盘育苗技术的科技成果转化和技术服务，着力在农业生产实践中推进产业振兴，积极培育新型经营主体。她积极培育懂技术、会经营的新型职业农民，以集中培训、田间地头、线上等多种方式培训，解决设施农业生产中存在的技术问题，以现场观摩让农户看到实实在在的效益，用生产实践结果来说话，培养了草莓、辣椒、番茄、大白菜、育苗等产业技术带头人 16 名。

服务成效评价

雷芙蓉用自己的实际行动践行了一名共产党员的初心和使命，让党徽在农业生产一线熠熠闪光！她始终保持满满的工作热情，忘记了疲累、充满了工作力量，看到农民的笑脸，她工作的劲头更足了，再累也满足了。她始终牢记党的宗旨，发挥技术优势，诚心诚意为农民办实事、做好事、解难事，让农民群众在农业全产业链发展中提升自我发展能力，为科技强农做出了积极贡献。和静县有幸有像雷芙蓉这样的一批党员干部，他们扎根基层，情系群众，甘于奉献，坚持"把论文写在大地上"，用科技引领农业产业发展、农业增效、农民增收，在建设新时代中国特色社会主义新疆进程中，践行新思想，展现新作为，助力乡村振兴。

潜心新品种推广　促产业提质增效

——记巴音郭楞蒙古自治州库尔勒市科技特派员邓小霞

■ **个人简介**

邓小霞，库尔勒市农业技术推广中心副高级农艺师，主要从事新品种、新技术试验示范、病虫害防治、绿色防控等。发表学术论文8篇，获得实用新型专利授权2件，编撰技术手册4种，获得国家和自治州行业奖励各1项，荣获个人奖项5项。

一、送教于民，传播先进实用技术

为了把先进实用的技术传授给农民并及时应用于生产实践，邓小霞参与编写了《库尔勒市农作物绿色防控技术手册》《农作农药减量控害增效技术》等4本书籍，深入田间举办病虫害防治课堂12余场次，实现了农技培训由灌输式向重实训、重参与的转变。每年不定期为农民讲授先进实用农业科技知识，有针对性地逐级开展科技培训。她利用科技之冬、科技三下乡、新型职业农民培育、现场会、田间课堂等活动，共培训农民4 000余人次，召开现场会8次，深入田间指导农民达8 000余人次，发放维吾尔文和汉文技术资料10 000余份。

二、勇于开拓创新服务方式，依托推广示范促产业提质增效

"梨城农技推广"官方微信公众号开通后，邓小霞适时上传发布农作物

栽培管理、配方施肥、病虫害防治等生产技术要点。累计报送简报 1 000 余篇，在中国农技推广网、巴州农技推广网发布信息 80 余篇。

邓晓霞（右三）现场讲解小麦病虫害防治技术

她开展脱毒马铃薯引进试验示范、病虫害绿色防控技术示范推广、香梨蜜蜂授粉与病虫害绿色防控技术集成试验示范、硫丹替代技术模型示范推广等 10 余项，累计推广机采棉 44.2 万亩，平均亩交售籽棉 371.65 千克。建立蚯蚓、线虫防治核心示范区 60 亩，辐射推广 521 亩。建立棉花重大病虫害绿色防控核心示范区面积 2 000 亩，辐射带动 15 万亩，示范区比非示范区每亩新增效益 272.26 元。香梨测土配方施肥技术推广亩增产 475.7 千克，亩节本增效 2 204 元。耕地保护与质量提升示范推广实施面积为 4 万亩，项目区较常规区平均亩增产 15 千克，总节本增效 378.8 万元。

三、建立新服务模式，积极开展绿色防控促进农业健康发展

邓小霞引导喀拉苏村种植大户成立棉花种植专业合作社，合作社划定 2 000 亩农业科示示范基地，以"科技特派员＋合作社＋基地＋农户"的发展模式，与社员形成"五统一"的生产经营模式，合作社社员年平均亩产

量稳定在 410 千克，带动了上户镇、哈拉苏农场等周边 200 余户农民增收致富，户均年增收 8 000 元。该村的机采棉覆盖率达 90% 以上，带动培养了 20 余名乡土专家，在她们的示范指导下，扶持了 10 余户农户通过种植技术增收致富。

她通过采取有效的硫丹替代技术、绿色防控技术、农药减量控害技术，减少用药量和用药次数，平均减少两次用药，减少 25% 左右的药量，减少了农药对土壤及自然环境的污染，棉田害虫天敌明显增加，促进了生态的相对平衡，棉田有益生物种群数量增加，草蛉、瓢虫等害虫天敌数量明显增多，生态效益显著。棉花农药减量控害技术核心示范区 4 000 亩，辐射带动 21 万亩，棉花示范区每亩节约农药费 33 元，节约人工费 15 元，示范区籽棉较常规区籽棉亩增产 65.2 千克，合计每亩新增效益 439.2 元。

服务成效评价

邓小霞从事新品种、新技术试验示范，病虫害防治，绿色防控等技术的推广示范，其推广示范效果显著，极大地促进了当地相关产业的发展，促进了农民增收。她以多种方式开展农技培训，培养了一批乡土专家，在"梨城农技推广"官方微信公众号上适时发布农作物栽培管理、配方施肥、病虫害防治等生产技术要点，及时为农民提供技术指导，推广绿色防控技术，减少了农药对土壤及自然环境污染，促进了生态的相对平衡，生态效益显著。

情系畜牧兽医事业　投身和静县养殖发展

——记巴音郭楞蒙古自治州和静县科技特派员艾尔邓巴依尔

■ **个人简介**

　　艾尔邓巴依尔，和静县农业农村局畜牧兽医站高级畜牧师。2005 年 7 月毕业于内蒙古农业大学动物科学与医学学院动物科学专业，主要研究家畜遗传育种、品种改良、畜禽常见病诊疗等。参与并完成各类科研项目 5 项，发表学术论文 5 篇。

一、积极学习，提高自己的综合业务水平

　　艾尔邓巴依尔主要从事畜牧工作，由于当地农牧民急需兽医技术服务，他便开始学习兽医知识，同时参加"马产业"项目培训，特别是"马兽医"专题培训，提高自己的兽医诊疗水平。经过不断学习，他掌握了"巴音布鲁克羊品种标准""新疆牦牛品种标准""萨福克羊品种标准"及相应的专业技术，对家畜品种改良也有了一定的了解，尤其在种畜管理和选育选配方面有比较丰富的经验。

　　他鉴定巴音布鲁克羊组建核心育种群 8 780 只，鉴定种公羊 15 249 只，淘汰 1 597 只，选留后备公羔 8 794 只；鉴定以巴伦台镇为中心的绒山羊种公羊累计 1 342 只，淘汰 261 只，选留后备公羔 304 只；鉴定组建巴音郭楞蒙古自治州牦牛核心育种群 580 头。累计采购良种补贴项目种公羊 1 802 只，牦牛种公牛 344 头，根据各乡镇需求量分配到户，并完善相关档案材料。他累计复核鉴定 4 300 头（只）核心母畜，协助精诚、远鹏等养殖企业

鉴定组群巴音布鲁克羊核心母羊 1 800 只。在巴音郭楞乡哈尔萨拉村开展巴音布鲁克羊杂交改良工作，主要用黑头杜波羊公羊对本地巴音布鲁克羊进行人工授精改良，共完成 1 500 只。

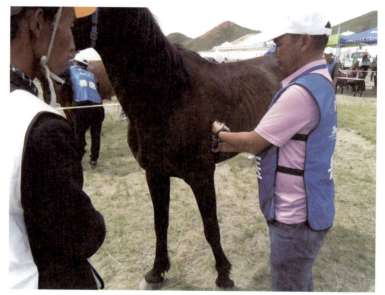

艾尔邓巴依尔（右）在对马术耐力赛的参赛马进行心率测定

二、积极开展技术培训，深入开展第三次全国畜禽遗传资源普查工作

为了提高基层畜牧兽医专业技术人员职能及牧民科技意识，艾尔邓巴依尔依托科研项目开展技术培训工作，培训技术骨干 225 人次，培训农牧民 2 236 人次。他对巴音布鲁克镇等 12 个乡镇的广大农牧民讲解品种改良技术、动物疫病防控等科普知识，共培训 20 场次，培训人数 6 800 余人次。在第三次全国畜禽遗传资源普查工作期间，他负责乃门莫敦镇和静镇的春秋防疫工作的指导与服务，通过现场指导、网络微信积极想办法，开展现场技术培训 1 次，实地指导培训 32 场次，参加培训人数共计 109 人。

三、组建优势特色品种核心群，优化当地畜牧业发展结构

艾尔邓巴依尔通过组建巴音布鲁克羊、绒山羊、巴州牦牛核心育种群，改良了种畜品种，提高了畜产品产量。他鉴定组建巴音布鲁克羊核心群 1 780 头（只），巴音布鲁克羊种公羊 9 481 只，淘汰 1 169 只，巴音布鲁克羊公羔选留 4 742 只；绒山羊种公羊 750 只，淘汰 75 只，绒山羊公羔选留 160 只，后备牦牛选留 240 头。他组织采购自治区良种补贴项目活体种公羊（巴音布鲁克羊种公羊）612 只，新疆牦牛种公牛 40 头，并根据各乡（镇）牲畜存栏情况和畜牧业发展趋势分发到了各乡（镇）场；全年完成肉羊（巴音布鲁克羊）本品种改良 27.2 万只，完成绒山羊本品种改良 2.7 万只，绵羊人工授精改良完成 2 644 只，在巴音郭楞乡哈尔萨拉村开展巴音布鲁克羊杂交改良工作，主要用黑头杜波羊公羊对本地巴音布鲁克羊进行人工授精改良，共完成 1 500 只。

服务成效评价

艾尔邓巴依尔自任科技特派员以来，筛选和组建了牛、羊核心育种群，以多种方式开展动物疫病防控技术培训，为和静县改良种畜品种、动物疫病防控及脱贫攻坚做出了贡献，得到了农牧民的认可。

认真履行职责　用心服务"三农"

——记阿克苏地区拜城县科技特派员彭冠初

■ **个人简介**

彭冠初，中共党员，阿克苏地区拜城县农业技术推广中心高级农艺师。自参加工作以来一直从事农业技术推广和重大农业项目实施工作，始终围绕"三农"工作，勇于挑战，冲锋在前，用自己的所学服务于农业农村发展，先后荣获自治区土肥水"先进个人""阿克苏地区优秀科技特派员""优秀科技工作者"等荣誉称号。

一、坚持发挥自身专长，积极开展技术指导服务

在拜城县黑英山乡都维力克村和大桥乡英买里村驻村期间，彭冠初始终不忘发挥科技特派员作用，坚持开展技术服务和试验示范研究，宣传高产栽培技术知识，经技术指导种植的小麦较农户常规种植的小麦亩均增产55千克，亩增产率6.8%，亩增经济效益122.4元。为了验证喷施宝有机水溶肥料在农作物生产中的增产、提质、抗逆、增效等作用，为农民群众增收致富探索新途径，她和队员们在冬小麦上开展了"喷施宝"有机水溶肥料试验。通过试验研究得出了冬小麦在拔节期喷施"喷施宝"有机水溶性肥料能明显促进小麦茎秆促壮，提高小麦结实率和千粒重，具有抗倒伏性，增产、增收效益显著，为示范推广提供了科学依据。

为推进相关技术的应用和推广，她在察尔齐镇喀依库拉克村领创办了合作社，担任合作社党支部书记和技术顾问，驻扎在村里，全程参与合作

社的组织运行和经营管理。在农作物播种时期，她深入田间地头，为农户开展测土配方施肥技术服务，指导农户精准施肥，针对玉米、马铃薯、小麦在不同生长阶段对温度、水分、养分的需求，科学制订大数据分析图，进行科学化种植技术运用，全面做好农作物产前、产中、产后技术指导服务，并结合田管工作，积极引导合作社帮助当地农户实现就业，在农作物各个时期组织当地农户到合作社务工，农户每日收入达到 90～150 元，极大地解决了当地农户就业问题，为乡村振兴注入强大动力。

彭冠初（左一）现场指导农户作物种植技术

二、坚持抓示范促推广，推动绿色集约化技术顺利实施

彭冠初和所在科技服务团队以玉米为创建作物在拜城县赛里木镇、托克逊乡、温巴什乡、察尔齐镇等 4 个乡镇 36 个行政村创建了 5 万亩玉米连片示范基地，以小麦为创建作物在康其乡、托克逊乡等 2 个乡镇、19 个行政村创建 2 个万亩小麦化肥减量增效连片示范区。她通过在示范区开展测

土配方施肥、水肥一体化等技术，全面落实规模化栽培、精量播种、化肥农药减量增效、绿色防控、专业化统防统治等技术服务，引导广大农户开展集约化生产，提高农户种植水平。通过开展技术服务指导，示范区配方肥到位率达到 80% 以上，示范区化肥用量减少 3% 以上，带动全县化肥用量实现负增长。

三、深入田间地头开展技术培训和指导，积极引导服务地农民实现就业

彭冠初结合田管工作，为合作社及当地农民开展技术培训和技术指导，共开展培训 3 次，技术指导 22 次，累计培训人员达到 45 人，受益群众 325 人次。她积极引导合作社帮助当地农户实现就业，组织当地农户到合作社务工，累计发放工资 17 万元以上。合作社年创产值达到 546.2 万元，实现农户每亩增收 150 元以上，带动合作社和入社农民年度增收不低于 15%，达到合作社与农户共赢的局面。

服务成效评价

彭冠初作为一名科技特派员，面向服务地开展测土配方施肥技术服务，指导农户精准施肥，针对玉米、马铃薯、小麦在不同生长阶段生长需求全面做好技术指导服务，依托合作社，积极帮助当地农户实现就业，为当地粮蔬产业高质量发展贡献力量。

科技植棉促增收　棉地开出幸福花

——记阿克苏地区库车市科技特派员买买提·莫明

■ **个人简介**

买买提·莫明，新疆农业科学院经济作物研究所研究员，主要从事棉花遗传育种与高产棉花栽培技术研究工作。

一、现场示范，宣传指导棉花高产栽培管理新技术

买买提·莫明在棉花科研工作中积累了丰富的专业知识和经验，围绕库车市棉花产业开展科技服务，通过培训、成果转化等为库车市棉花产业发展做出贡献。他通过现场示范，宣传精准肥水管理技术、精量播种技术、全程化控技术、病虫害综合防治技术等棉花高产栽培管理新技术，围绕棉花生产村、种植大户、棉花种植群体，以棉花高产为导向，重点推广适宜当地种植的棉花高产新品种及新技术。

他采用现场观摩、实地交流等形式指导，针对专题进行授课，以技术培训、发放技术资料等形式，培养基层棉花专业人才、棉花专业户、棉花贫困户。他深入田间地头、生产一线解决乡村和农户发展中的技术难题和突出问题，以技术、智力帮扶为主线，精准开展技术服务和科普宣传。

二、以多种方式培训，用个性化服务提高授课质量和效益

为做好科技服务工作，买买提·莫明详细了解帮扶村棉花种植水平，根据存在的主要问题，制订出合理培训方案，商定出具体培训时间和培训内容。他充分利用农闲时期，将培训放在田间地头，通过现场指导、技术示范、发放技术资料等形式，开展棉花高产高效栽培技术培训，突出关键时期和关键技术措施，通过浅显易懂的讲解和示范，为当地村民讲授棉花病虫害发生规律与防治技术，棉花机械采收技术，棉花减肥、减药技术，棉花灌溉技术等当前应用比较广泛的新技术及新成果，平均每年举办培训10 期，培训技术人员、专业棉花种植户、农民等 500 余人次。

买买提·莫明（左一）向棉花种植户讲解棉田管理技术

三、结合棉花重要管理时期进行技术指导与服务，扎实开展棉花新品种新技术高产试验示范

买买提·莫明时刻牢记增强农民科技意识的重要性。在开展棉花高产栽培技术试验示范期间，他根据棉花生长发育进程的关键时期特点，针对

棉花生产上存在的问题和棉花中后期按时化调、水肥协调等技术问题，对棉花全生育期进行跟踪指导和服务，解决帮扶村农民生产一线的关键问题。他选取了适合当地种植的棉花新品种及配套新技术进行高产田创建，通过示范引领带动了当地棉农对新品种、新技术的应用，把棉田粗放式的管理模式转变为新型节水灌溉模式，提升当地棉花种植水平，提高植棉产量，增加棉农收入。经过一年的新品种试验、示范、推广和技术培训，他的努力得到了广大种植户的认可和支持。通过技术服务与培训，帮扶村的棉花种植水平有所提高，棉花产量较往年有较大幅度的提高，两个村亩平均增产 10%～15%，亩增收 150～200 元。

服务成效评价

买买提·莫明多年从事科技特派员工作，工作中他深入农村一线，围绕库车市棉花产业开展科技服务在长期的棉花科研工作中积累了丰富的专业知识和经验。他认真履行工作职责，服务"三农"，传播农业科学技术、引领农民增产增收、带动乡村脱贫致富，为推动乡村振兴发展提供了有力科技支撑，为库车市棉花产业发展做出了贡献。

大棚是课堂　科普是使命

——记克孜勒苏柯尔克孜自治州阿克陶县科技特派员努尔曼古丽·西力力

■ 个人简介

努尔曼古丽·西力力，中共党员，新疆农业广播电视学校阿克陶县分校副校长，高级农艺师，阿克陶县第十四届、第十五届、第十六届人大代表，阿克陶县人大常委会委员。

一、攻坚克难，带领易地搬迁牧民走上脱贫致富路

2016 年，在国家和自治区扶贫政策的关怀下，为了解决搬迁户脱贫奔小康，县委县人民政府将阿克陶县现代农业开发区管辖的温室大棚分给昆仑家园搬迁户，通过发展设施蔬菜产业推动搬迁户脱贫致富。但是，长期以来以放牧为生的牧民没有接触过温室大棚，在短时间里引导他们种出高收入的蔬菜也不容易，如何提高他们的技术水平成了一个难题。

努尔曼古丽·西力力是蔬菜种植领域科技特派员，进入科技特派员队伍后，她就选择攻破这个难题，将昆仑家园温室大棚蔬菜基地作为自己的服务点。担起重任的她，从 2017 年开始把昆仑家园新菜农作为阿克陶县农牧民培训的一个着力点来抓，组织开展了一期接一期的科技培训。鉴于昆仑家园新菜农没有技术基础的情况，她按季节开展设施蔬菜种植技术培训，冬天举办漫灌式的全方位理论培训，提高农民对设施蔬菜的认识，春、夏、秋生产季节结合生产实际举办阶段性现场培训，手把手教技术操作。

　　她还经常去昆仑家园进行跟踪回访，观看柯尔克孜族学员们培训后的实践利用情况，现场指导他们一些技术细节，逐渐变成了昆仑家园柯尔克孜族菜农的"免费技术顾问"。每当遇到生产中的一些问题，他们毫不犹豫地拨打电话，向她寻求帮助，有了她的指导才能心里踏实。

二、一心为民，走门入户帮助种植户解决技术难题

　　恰尔隆乡搬迁下来的柯尔克孜族牧民赛吾达力和阿西尔·塔依普当时收到给自己分的温室大棚的钥匙时，什么都不懂，种了几年，时挣时亏，始终找不到方向。努尔曼古丽·西力力看过他们的温室大棚后，在2020年科技服务中始终盯着他们，每次办培训都叫他们参加，经常去他们的大棚指导，解决他们遇到的技术问题。2020年赛吾达力的两个大棚年产值初次达到了3万元。

　　2019年村民阿西尔·塔依种西红柿一年卖不到5 000元，在她的技术指导下，2021年5月底一个大棚的春季西红柿收入就已经达到了2.5万元，这两位山区牧民变成了技术熟练的菜农，年产值超10万元，实现了从低收入贫困牧民到致富能手的胜利转型。经过她两年多的培训和跟踪回访、技术咨询服务，昆仑家园农民的蔬菜种植水平明显提高，蔬菜产量和收入有了大幅度增长，生活质量也有了翻天覆地的变化。

三、面对困难，用热心和爱心做好科技培训与宣传

　　努尔曼古丽·西力力作为培训组织人，面对困难不绕道，用自己的专业热心和职业爱心，积极协调和督促，抓好考勤，给农牧民培训对象认真耐心地讲解培训纪律和要求，逐渐把农牧民学员对培训工作的态度和认识转变过来。她通过"送科技下乡""科技之春""科技宣传月""科技活动周"等科技活动，深入乡镇进行科技培训和宣传，仅2020年、2021年两年共开展培训36次，培训人员2 000多人。

　　她结合各个季节生产实际，给种植户讲解辣椒、豇豆、西红柿、香菇

的栽培管理技术、科学管理、病虫害防治技术，手把手传授，有力地提高了农民群众的科技水平。通过定点技术服务，促进阿克陶县设施农业发展，为阿克陶县设施蔬菜新品种、新技术的推广起到示范和带动作用，在优化农业产业结构、推进农业产业化进程中做出了积极贡献。

服务成效评价

努尔曼古丽·西力力自参加工作以来，不但认真努力完成日常工作任务，同时为了能让自己胜任工作与提高个人素质，努力学习业务知识，不断向业内骨干及老同志取经，取他人之长补己之短，终于磨炼成一名成熟的农业专业技术人员。努尔曼古丽·西力力在平凡的岗位上兢兢业业工作已经整整 30 个年头了，她任劳任怨，爱岗敬业，无私奉献，始终严格要求自己，以实际行动证明自己的人生价值，深受农民和同事的赞誉。

以科技为先导　全面服务"三农"发展

——记克孜勒苏柯尔克孜自治州阿图什市科技特派员买热米古丽·玉苏普

■ **个人简介**

买热米古丽·玉苏普，阿图什市松他克乡林管站高级工程师。主要从事造林、果园管理、科技推广等工作。发表学术论文 3 篇，编写培训教材 1 部，合作编写技术要点 1 部，荣获荣誉称号 3 项。

一、在林业生产第一线积极开展专业技术推广工作

买热米古丽·玉苏普在工作中，发挥自身特长，坚持以科技为先导，以农业增效、农民增收为落脚点，开展现场指导和技术讲解。推广"木纳格葡萄高产优质栽培""果树病虫害防治技术""葡萄沟灌节水技术""老果园改造技术"等先进适用技术，充分发挥示范园、示范点在农民培训中的作用，提高农民依靠科技生产的能力，保证了农民增收。

她对阿图什市木纳格葡萄标准化栽培和 200 亩科技示范园建设进行技术指导，通过栽培管理每亩葡萄产量控制在 1.5 ～ 2 吨，每亩收入达到 4 500 ～ 7 000 元，比传统管理的葡萄，每亩增加 1 500 ～ 2 000 元。她指导的 1 250 亩葡萄、无花果有机食品生产基地建设和 500 亩葡萄品种改良效果显著。她开展木纳格葡萄丰产栽培技术示范推广，平均亩产量达到 2 500 千克，收入达到 7 500 ～ 8 800 元。她还完成了松他克乡的木纳格葡萄品种改良、项目的品种认定、嫁接改造、抚育管理、整形修剪、病虫害防治等工

作，进一步试验和推广木纳格葡萄优质丰产栽培成果标准化生产技术规程，采取科学管理措施，充分发挥品种优势，最大限度提高木纳格葡萄质量和产量，提高农民收入，促进自治州经济社会发展。

针对木纳格葡萄病虫害防治，她采用生物化学防治新技术，生产无公害果品，促进科技成果转化力度，建成示范园 100 亩、辐射 5 000 亩，技术推广区优质果率提高 20%～30%，单位面积产量提高 10%～20%，每亩平均增收 200～400 元，发放葡萄栽培技术、病虫害防治技术规程宣传单 3 000 份，葡萄折光糖不低于 18%，两年培训农民 3 500 人次。

二、创新培训方法，开展适用技术推广与应用

买热米古丽·玉苏普利用农牧民夜校等活动，采用现场指导边学边用的方式，开展木纳格葡萄、无花果培训及技术咨询，提高技术人员在实际生产中的准确服务和实际效率。

她在冬闲期间大力培训广大果农，为了保证基层技术人员技术更新和熟练实用技术，开展基层技术人员春、夏、秋季葡萄生产必学必用实用技术现场培训。她编写和准备了有关果树病虫害防治技术、木纳格葡萄标准化管理等材料，自授课以来，累计授课达 465 学时，讲座超过 135 场，受训人员达 18 500 人次。通过培训进一步提高了松他克乡果农和专业技术人员的科学素质。

三、深入田间地头，用技术解决葡萄病虫害问题

木纳格葡萄易发生大面积黄叶病，为解决这个问题，买热米古丽·玉苏普带领技术人员，反复研究葡萄发病的原因，提出并宣传了防治葡萄黄叶病的措施，积极组织现场培训，送药送器械到田间地头，指导配药、打药，确保葡萄病害得到及时有效的控制。

她每年负责木纳格葡萄标准化栽培技术推广，防治葡萄霜霉病、褐斑病、黄叶病、叶蝉、介壳虫、红蜘蛛等病虫害，为果农提供技术指导和服

务工作，减少果农损失，增加了农民收入。

她通过各种形式的科技服务，大幅提高农民的科技素质，增强农业的竞争力，促进农民增收。她热心为群众办实事、办好事，被群众视为知心朋友、生产实践的老师、致富路上的科技"领路人"。

服务成效评价

买热米古丽·玉苏普参加工作以来一直在基层第一线，扎实肯干，无私奉献，充分发挥自身技术优势和专业特长，开展木纳格葡萄、无花果、石榴、红枣等林果品种改良、新技术推广、病虫害防治、培训人员等方面技术指导与服务，提高了农民素质，促进了农产品的稳定高产，为广大种植户增收提供了技术保障。

一心为了群众的菜篮子　推广设施蔬菜技术

——记喀什地区泽普县科技特派员努尔买买提·托合尼牙孜

■ 个人简介

努尔买买提·托合尼牙孜，喀什地区泽普县农业技术推广中心高级农艺师。主要服务于大棚和露地各类蔬菜绿色丰产及农药减施增效关键防控技术集成与示范。曾参与科研项目 2 项，获自治区科技进步奖一等奖、二等奖各 1 项，国家农业技术推广成果奖二等奖 1 项，发表学术论文 7 篇。

一、依托产业结构调整，大力发展设施蔬菜技术

近年来泽普县优化产业结构，大力发展拱棚、温室大棚等设施农业。随着种植面积的扩大，和从业农民的增加，农户管理水平差异大、病虫草害防治工作不及时、防治药剂选择不合理等问题也日益凸显。为提高保护地种植效益，努尔买买提·托合尼牙孜作为一名农业技术推广人员，采取理论知识学习与现场操作相结合的方式，开展辣椒、西红柿及结球甘蓝丰产栽培及综合管理技术培训，并给种植户免费发放设施农业和蔬菜种植管理时期技术规程手册。

他技术指导到户、技术措施到田，推广设施农业管理技术，提高农民技术员的种植管理技术能力，使农民掌握蔬菜主要病虫害的发生规律，建立了蔬菜优良品种示范园及高产栽培丰产园，辐射带动周边种植户，实现蔬菜简约化管理，降低种植成本，增加收入。2021 年以来，他共开展蔬菜种植科技培训 48 场次，培训 6 100 余人次，其中室内理论授课（含视频培

训）10 场次，培训 2 700 余人次；现场培训 38 场次，培训 5 630 余人次，大幅度提升了种植户蔬菜管理水平，为促进农民增收提供了科技支撑。

努尔买买提·托合尼牙孜（左一）在讲解设施蔬菜种植技术

二、理论与实践相结合，到田间地头开展技术服务和指导

努尔买买提·托合尼牙孜为推广现代蔬菜种植管理技术，实现设施蔬菜集约化生产管理，围绕大棚蔬菜、露地蔬菜、庭院蔬菜栽培等技术，到 220 户种植户家中查看蔬菜种植情况，给种植户进行技术指导，针对种植户在大棚和露地蔬菜栽培过程中遇到的主要技术问题开展现场培训。

他围绕西红柿白粉病、枯萎病、蔬菜蚜虫病等开展智能化监测预报、抗性评价及筛选、绿色高效生物菌剂和高毒高残留农药替代技术研究与示范，优化全生育期植保无人机精准施药技术，优化除草剂减施增效技术及病虫草害绿色一体化防控技术。他开展设施蔬菜绿色高效种植及病虫害综合防治技术示范，引进高产抗病蔬菜品种，合理搭配种植茬口，开展病虫害综合防治工作，建立越冬茬蔬菜种植示范基地，示范推广设施蔬菜冬、春季高产高效栽培技术，总结设施大棚蔬菜种植技术经验，以提高当地设施蔬菜整体品质和种植户蔬菜管理水平。

三、不断壮大蔬菜种植后备技术力量，为促进农民收入提供科技支撑

努尔买买提·托合尼牙孜围绕高产示范园建设、高产西红柿（嘉悦）、辣椒（玉龙 F1）、甘蓝（绿球 50）等新品种推广、组织现场观摩会、防控体系建设、丰产栽培及综合管理、病虫害有效防治等技术进行精心指导和技术服务，使冬季温室大棚生产安全得到了保障，棚均收入达到了15 000 元以上，种植户信心显著增强。

服务成效评价

努尔买买提·托合尼牙孜采取理论知识学习与现场操作相结合的方式，加强对农民及乡村技术人员的培训工作，推广设施农业管理技术，实现种植业管理简约化生产管理，建立蔬菜优良品种示范园及高产栽培丰产园，为种植业生产提供了优质品种，开展农民技术员及广大种植户理论培训，提高了农民技术员的种植管理技术水平，对当地设施蔬菜高效种植产生了积极的推动作用，为泽普县农业产业结构优化起到了支撑作用。

扎根基层农技人　农民种植好帮手

——记喀什地区疏勒县科技特派员妮萨古丽·艾麦提

■ **个人简介**

妮萨古丽·艾麦提，中共党员，疏勒县洋大曼乡农业技术推广站高级农艺师。从事农业技术推广工作。先后参加国家、自治区和地区级农业科研和推广项目22项，发表各类专业技术研究论文4篇。荣获荣誉称号5项。

一、重视专业知识和实用技术学习，有效指导基层农业生产

妮萨古丽·艾麦提一直从事农业推广工作，从疏勒县洋大曼乡农业产业结构调整需求出发，在粮食、棉花等经济作物管理，科学种植，病虫害防治等领域推广先进实用技术，促使设施农业和特色林果业成为该乡农业增效、农民增收的主要支撑点。她重视专业知识和新的实用技术学习，不断提高自身特色种植方面业务素质和专业技术水平，出色完成许多项目与试验示范任务，有效指导基层农业生产，成为设施农业方面的技术骨干。

她在参与实施相关项目的过程中主持设计并参与完成各类试验示范22项次，在玉米、棉花、小麦育种、种植、病虫害防治、蔬菜无土栽培技术等领域开展大量试验研究，提供了大量准确可靠的试验数据，为项目后期的大面积推广奠定了良好的基础。同时，通过试验示范，她引进了很多适合本地栽培的专用品种和先进技术，极大地提高了洋大曼乡蔬菜种苗的质

量，降低了育苗成本，提高了蔬菜的产量和品质，打破了原来农民自己留种的习惯。既增加了农民的收入，又激发了农民种植设施蔬菜的积极性，取得了显著的经济效益和社会效益。

她结合优质良种推广和大田节水措施，落实粮食作物和蔬菜的栽培、管理、病虫害防治工作，及时准确地汇总上报种植进度，全乡年种植小麦2.79 万亩、玉米 1.5 万亩、棉花 2.5 万亩、蔬菜 1.2 万亩等。

妮萨古丽·艾麦提（左）向广大种植户介绍蔬菜田间管理技术

二、开展现场集中实用技术培训，帮助农民解决实际困难

妮萨古丽·艾麦提每年在疏勒县洋大曼乡各村巡回开展各类技术培训26 期，向当地农民讲解国家的相关惠农政策及农业新技术，帮助他们解决生产中的问题，每年累计培训 1.2 万人次以上，并整理撰写《双膜西甜瓜高产栽培技术规程》《无公害蔬菜标准化栽培技术规程》等培训教材，提高了农民技术素质，激发农民种植设施蔬菜的积极性，取得良好的经济效益和社会效益，获得一致好评。

她积极做好农业技术服务工作，每年带领全乡 37～40 名农民技术员，定期进行现场培训，提高他们的技术能力和服务能力。每年通过"科技之冬""科技三下乡"活动进行巡回讲课，向农民讲解农业新技术，帮助他们解决生产中的实际困难。

三、试验示范，引进设施蔬菜育苗技术，提高产量和品质

针对群众技术需求，妮萨古丽·艾麦提为洋大曼乡 47 座日光温室、3 220 座拱棚蔬菜开展管理服务，对蔬菜棚内出现的病虫害给予及时防治指导，杜绝大型病虫危害的发生。她细致周到、热情的服务受到农户的一致好评，也增强了农户大棚种植的积极性。先后累计引种推广辣椒新品种9 000 余亩，打籽南瓜 3 000 亩，西葫芦 2 600 亩，每亩纯收入超过 2 200 元。

服务成效评价

妮萨古丽·艾麦提作为农业技术骨干，她一边不断地提高自己在特色种植方面的业务素质和专业技术水平，出色完成许多项目与试验示范任务，一边通过举办培训班、现场指导、巡回讲课的方式，有效指导基层农业生产，向农民传授日光温室种植技术、推广指导农民种植蔬菜新品种，不但激发了农民种植设施蔬菜的积极性，还切实帮助农民增收创收，取得了良好的经济效益和社会效益。

展现时代科研风采　助推乡村产业振兴

——记和田地区墨玉县科技特派员刘佳佳

■ 个人简介

刘佳佳，中共党员，新疆畜牧科学院畜牧研究所副研究员，农学博士学位，新疆维吾尔自治区家禽产业技术体系岗位专家，墨玉县蓝海鸽业发展有限公司技术总监。在和田地区墨玉县和洛浦县长期开展肉羊、鹅、鸽等产业的科普扶贫和技术研发工作。主持国家级、自治区级科研项目6项，参编著作3部，获得专利授权6件。2020年被自治区评为最美科技工作者，2021年获自治区科普先进个人。

一、扎根乡村基层，用科技打造鸽产业发展和振兴新模式

刘佳佳深入洛浦县多鲁乡助民鸽业农民养殖专业合作社鸽舍，亲自饲喂，在其不断努力下，鸽子产业的"短平快"优势日益凸显，适合当地作为产业振兴重要抓手来推进，成为整个南疆地区产业发展的亮点，带动了全疆肉鸽产业的蓬勃发展。

在墨玉县爱心农民专业合作社、墨玉县蓝海鸽业发展有限公司服务期间，他发现现有养殖设备陈旧不适宜肉鸽养殖，就带领团队到发达省市考察学习，了解规模化企业肉鸽养殖设备情况，将现代化的自动饲喂设备引入墨玉县，并带着工作人员跟着设备调试人员学习操作流程，培养技术人员，保证饲料加工设备的正常运转。

　　他还建立了科技振兴产业发展新模式，先后开展养殖技术科普培训 10 余次，培训农牧民 200 余人次，推广鸽产业高效养殖技术及精准日粮配制技术方案共 4 套，产业带动养殖户超过 100 户。

刘佳佳（右一）向养殖户介绍养殖用药品使用方法

二、服务传统优势产业，发挥自身优势带领群众走上致富路

　　在墨玉县田园牧乐养殖农民专业合作社服务期间，刘佳佳和团队成员与合作社工人同吃同住，现场参与和指导工人饲料加工、牲畜防疫技术。他深入农户家开展配种繁育、接羔护羔、疫病防控等技术指导，做到肉羊饲养关键点的全面技术跟踪，先后在墨玉县萨依巴格乡 5 个村开展多胎肉羊科普培训 20 余次，培训农牧民 500 余人次。

　　他协助建立了规模化肉鹅养殖基地洛浦县色日克生态养殖专业合作社。针对圈舍无法满足育雏需求的问题，他前往广东、四川、江苏、辽宁等地开展调研，学习先进经验，带领工作人员自主设计研发了适合和田地区的雏鹅育雏架。为解决育雏成活率不高的问题，他将床搬到雏鹅舍，亲自盯雏鹅。他将村里的废水沟变成了环境优越的乡村农家乐，环境好了，鹅肉不愁销，还解决了周边富余劳动力的就业问题。

刘佳佳平均扎根和田的时间每年超过 330 天，让他错过了不少家庭美好时光，但是他用自己的热血和真心践行职责，造就了科技助力产业发展的美好画卷，造就了新时代科技特派员的新风采。他依托蛋鸽、肉鸽、肉鹅及多胎羊四大产业，协助当地建设了洛浦县和天下鸽业有限责任公司、洛浦县色日克生态养殖专业合作社等 10 家企业，培育种鸽近 150 万对，带动 200 余人实现就业增收，真正实现了科技助力产业发展，产业引领乡村振兴。

服务成效评价

刘佳佳针对实际生产中存在的具体问题，将科研与实际应用相结合，积极开展科学研究，攻克技术难点，赢得养殖户的信任。他协助驻村工作队创办养殖专业合作社，建立健全养殖业服务体系，为养殖户提供肉鸽、多胎羊等养殖技术服务，覆盖南疆四地州，为肉鸽养殖产业的提质增效、养殖户增产增收奠定了技术基础。

潜心推广实用技术　助力基层群众致富

——记和田地区和田市科技特派员张云生

■ **个人简介**

张云生，中共党员，新疆农垦科学院畜牧兽医研究所副研究员。主要从事绵羊新品种培育、繁育技术推广应用和基因检测等方面的课题研究。先后获新疆兵团科技进步奖一等奖 1 项，二等奖 2 项，三等奖 1 项，在国内外期刊发表论文 20 余篇。

一、以科学养殖为引导，加强人员技术培训

针对农户养殖观念落后、饲草料缺乏、羊只诊疗条件差、养殖户积极性不高等问题，张云生邀请部分农户代表到墨玉县碧邦羊业基地现场参观考察，组织基地工作人员与农民进行谈心交流，帮助农民认识到只有养殖多胎羊才能赚钱，养殖多胎羊并不复杂等，坚定农民养殖多胎肉羊的信心；以观摩和技术上门服务的形式，为农户示范推广牲畜疾病诊断、羔羊代乳粉调配饲养和防疫保健技术；采用会议培训的形式，扩大多胎肉羊养殖培训的范围，营造多胎肉羊养殖的良好生态。

在他的培训和指导下，当地农户多胎羊养殖领域取得了明显进步，将农户从养殖本地羊过渡到养殖多胎羊，并培养了一批掌握多胎羊养殖技术的专业人员，极大提高农户养殖多胎羊的积极性，使示范农户养殖的母羊产羔率从 100% 增加到 180% 以上，取得了良好的经济和示范带动作用。经过他的努力，不但当地农户养殖多胎羊的数量逐年扩大，还带动了种植加

工业，促进当地经济繁荣。

张云生在向多胎湖羊饲喂专用维生素

二、帮助养殖大户，解决多胎羊繁育难的问题

为解决当地湖羊养殖大户羔羊死亡率高的问题，张云生与团队先后组织兽医和养殖技术人员，深入农户养殖的羊群中，进行寻访和调查，通过羔羊死亡的临床表现，分析羔羊死亡的原因。他实地观察母羊产羔、羔羊哺乳、代乳粉饲喂等管理措施，修正了一些关键技术操作细节，规范了操作要求。他还采用现场示范和实地操作的办法，让养殖大户实践学习，掌握技术要领。当地多个试点示范农户养殖的母羊产羔率从 100% 增加到 180% 以上，多胎肉羊年产羔率达到 2 只以上，羔羊成活率 85% 以上，获得的经济效益十分可观。

他以产业科技扶贫基地为支撑，充分发挥多胎肉羊先进生产技术应用的典型示范和辐射带动作用，激发当地多胎肉羊养殖的内生动力，切实提升产业发展的质量和效果。通过集约化条件下多胎羊适度规模高效养殖技术体系示范应用，基地羔羊繁殖成活率达到 95% 以上，年产羔率达到 260%

以上，60 日龄断奶羔羊平均体重达到 15 千克，培育后备种羊供不应求。通过农户多胎羊适度规模高效养殖技术体系示范应用，助推农户多胎羊养殖水平得到显著提升，年均产羔率达到 200%，羔羊成活率达到 85% 以上，解决就业 32 人，年吸纳临时用工 150 余人次，直接带动 100 户实现户均年增收 1 000 ～ 2 000 元。

三、加强科研攻关，研发和推广的生产实用技术

为进一步破解种羊、种鸽培育的短板，他建立了南疆三地州畜禽工程实验室，助力"种子号"工程快速推进，建成集科研与生产为一体的综合性实验室，包括分子育种、饲料营养和疫病防治的各类试验平台，同时配备国内外先进科研仪器设备。目前该实验室拥有一个专业水平高、研发能力强的 10 人科研团队，其中研究员 2 名、副研究员 6 名、博士 6 名、硕士 2 名。实验室通过研发和推广绵羊多胎基因检测技术，对出生 10 ～ 30 天的羔羊进行采血检测，分析多胎 *FecB* 基因纯合型、杂合性，以及野生型（不含多胎基因）个体，依据检测结果实施精准选留、分群管理，保证生产母羊群的高繁殖率及羔羊成活率。在生产实际中，可提前 2 年完成后备母羊的多胎性选留，对不携带多胎 *FecB* 基因的羔羊可及时淘汰育肥。科研团队通过研发和推广肉鸽基因性别鉴定技术，采用基因检测方法分辨肉鸽性别，准确率达到 99% 以上，后备种鸽配对成功率提升至 95% 以上，极大降低因配对失败导致的无效饲料消耗，节约农牧民的饲养成本，提高养殖效益。

服务成效评价

张云生带领团队研发和推广示范多胎羊繁育技术，有效解决羔羊死亡率高的技术难题，在他的指导和帮扶下，农户养殖的母羊产羔率从 100% 增加到 180% 以上，取得了良好的经济和示范带动作用，当地农户养殖多胎羊的数量逐年扩大，带动了饲草种植加工业发展，助力群众增收致富和养殖产业的综合发展。

强化自身责任担当　真情服务三农发展

——记新疆农业科学院科技特派员吐尔逊·阿合买提

■ 个人简介

吐尔逊·阿合买提，新疆农业科学院植物保护研究所研究员，新疆农业大学硕士研究生导师。主要从事农业外来入侵害虫生物防治技术研究工作。先后主持完成国家、自治区各类科研和技术推广项目 21 项，取得省部级科研成果 11 项，获奖项目 9 项，其中获自治区科技进步奖一等奖 2 项、二等奖 4 项、三等奖 3 项。先后发表论文 120 余篇，参编出版著作 9 部，软件著作权 6 项，获得发明专利授权 4 件，实用新型专利授权 1 件，编写自治区地方标准 7 项等。

一、发挥专业优势，带领服务地不断提高自身农业科技发展水平

吐尔逊·阿合买提主要从事农作物害虫综合防治和生物防治技术的研究和技术推广工作，在重大外来入侵生物综合防控和生物防治研究领域取得了一批科技成果。在开展服务期间他发现服务地农业存在产业结构单一、产量低、特色作物规模不大、农业产业支撑严重不足等问题，积极协调乌鲁木齐、昌吉等地的农资部门，引进西瓜、甜瓜、马铃薯、西红柿、辣椒、豇豆、胡萝卜等特色瓜菜种子，给特困户免费发放化肥、地膜等物资，解决农忙时期农业生产材料的需求。

他针对农民种植水平传统落后、特色品种栽培管理要求的技术薄弱、

主要病虫害的发生危害意识不强等问题，制订了农民易懂、易掌握、简单管用、实用简化的技术培训内容，采取室内集中授课、田间地头农业实用技术现场指导等方式，分别建立林果业、设施农业、大田作物病虫害综合防控示范区，推进农业生产种植水平。

他先后带动成立了疏勒县"爱农"特色种植业农民专业合作社、疏勒县"齐新"养殖业农民专业合作社、疏勒县"火炬"农业机械农民专业合作社、疏勒县"众利"农产品销售农民专业合作社等4家农民专业合作社，努力争取了2座日光温室、190座蔬菜大棚和500米³保鲜库建设等扶贫项目，基本实现小麦、玉米从播种到收获的全过程机械化，棉花的播种和田间管理的机械化，残膜回收全程机械，解决了120名富余劳动力的就业。

吐尔逊·阿合买提（中）开展苹果蠹蛾生物防治技术指导

二、牢记目标，坚持做好农业产业化科学发展谋划

吐尔逊·阿合买提深知，要实现"农民富"的目标，除了转移就业这条路，还需要做好"农业产业化"。进村后，他充分发挥单位优势，积极推动农业产业结构调整，制订了三年内实现"211"的目标，即2 000亩小麦、1 000亩棉花、1 000亩瓜菜。在2018年初步尝试种植双膜瓜350亩，庭院清理土地150余亩种植蔬菜的基础上，2019年种植双膜瓜530亩，拱

棚蔬菜 334 座，陆地蔬菜 130 亩，夏收实现了双膜瓜亩均纯收入 2 000 元以上，春提早拱棚辣椒小拱棚实现单棚 600 元纯收入，双层拱棚实现 1 500 元纯收入。

广大群众通过瓜菜种植尝到了甜头，小麦收获后复播白菜 336 亩、西瓜 368 亩，2020 年瓜菜面积进一步扩大，正播双膜瓜种植面积达 700 亩，春提早单层拱棚蔬菜 27 亩，露地制干辣椒 100 亩，春提早双层大拱棚西甜瓜 38 亩，露地洋葱 200 亩。他开展了小麦、棉花、西甜瓜、林果、蔬菜等作物栽培技术、田间管理、病虫害防治现场会 80 余场次，累计培训农民 12 000 余人次。

三、攻克技术瓶颈，深入解决农业生产技术难题

除科技服务外，吐尔逊·阿合买提始终急农民所急，想农民所想，深入农村生产第一线，攻克了一道道难关，解决了新疆农业生产上多项技术难题，在南、北疆累计推广 800 多万亩，新增经济效益 5 亿多元。他举办喀什地区农业推广技术培训班，开展了全地区 12 个县（市）192 个乡（镇）的农林外来入侵生物的野外普查工作，共发现 46 种农林外来入侵生物。累计举办各类实用技术培训班达 400 余期，培训农民达 3 万人次，通过技术培训和田间指导，进一步提高当地技术人员和农民对农作物主要病虫害及外来入侵生物的识别及防控意识。

服务成效评价

吐尔逊·阿合买提是外来入侵生物及害虫生物防治领域的科技骨干，具有扎实的科研能力和丰富的基层工作经验，在基层服务期间充分发挥自身的专业特长和优势，开展技术服务、咨询和专业培训工作，以推广农村急需的农业使用新技术、新产品和新品种为抓手，增强农民的科技意识，推动当地农业经济发展和农民增收工作，为南疆三地州的广大农民增收致富、农业的科技进步、农业生产可持续发展贡献了自己的力量。

扎根基层献热血　服务三农促增收

——记新疆农业科学院科技特派员翟文强

■ 个人简介

　　翟文强，新疆农业科学院哈密瓜研究中心研究员，国家现代农业产业技术体系新疆喀什综合试验站站长。主要从事甜瓜新品种选育和栽培技术研究及推广。主持国家科研项目2项，主持自治区科研项目7项，参与科研项目10余项，选育8个甜瓜新品种，主持制定自治区农业地方标准1项、喀什地区农业地方标准6项，参与制定其他技术标准2项，获得实用新型专利授权1件。获得国家级奖励2项、自治区级科技奖励4项、地区级科技奖励1项。

一、解决病害防治问题，开展晚熟伽师瓜病害防控技术研究和生产示范

　　翟文强在喀什地区从事科研和科技服务27年，主要着力解决病害对于甜瓜生产危害的难题，减轻病害造成的损失。他针对伽师瓜生产中病害严重的状况，摸清了威胁伽师瓜生产的主要病害白粉病和霜霉病的发生和传播规律，明确了防控方法，制订了防控措施，在研究的基础上进行了大面积伽师瓜病害防控生产示范和生产推广。在他的指导下，伽师瓜生产病害得到了有效控制，改变了伽师瓜因病害严重而面临生产崩溃的局面，为伽师瓜产业从2000年至今20余年的繁荣发展、产业扶贫和乡村振兴奠定了坚实的基础。每年6月中旬前后，翟文强都会带领团队成员到田间调查病

害发生情况，如发现有病害初期感染的田块，会立即向县乡生产管理部门通报，及时制订防治方案，进行田间群防群治，确保伽师瓜丰产丰收。

翟文强（左）在甜瓜露地进行技术指导

二、创新栽培技术，推广适用技术，促进提质增效

翟文强结合喀什地区西甜瓜种植方式单一、农村经济发展落后和农民经济底子差的实际情况，指导喀什地区各县、乡以间套作、露地直播、露地育苗移栽等多种方法探索双膜西、甜瓜的最佳种植方法，研究制订了喀什地区"小拱棚甜瓜栽培技术规程"，在喀什地区除塔什库尔干县以外的11个县市示范推广100余万亩，供应期提早15天以上，甜瓜杀菌剂用量比露地正播减少60%以上，商品瓜食用安全性得到极大提高。

他开展了以架子瓜及其间套复种技术为核心的种植技术研究，建立了甜瓜露地立架栽培和高效立体间套复种模式，牵头编制了三项技术标准，使露地甜瓜霜霉病危害减轻80%以上，亩种植株数为1 700～2 000株，亩产达到3 500～6 000千克，商品率达到80%，亩耕地实际利用达到1.4～3亩，生产过程中杀菌剂施用量减少30%～50%。以架子甜瓜栽培技术为核心的多种种植模式在喀什地区推广面积近百万亩，总产值达到 42.9 亿元，新增收益达到 18.8 亿元。甜瓜栽培模式和相关栽培技术方面的研究和推广，有效带动了喀什地区生产技术的进步和农民增收。

三、坚持技术培训，提高种植户甜瓜种植水平

翟文强常年坚持在喀什地区开展技术服务。他提出根据市场需求引进新品种，加强标准化栽培技术示范，提高瓜农种植水平，支持企业和合作社开展生产销售和创立品牌，充分利用设施条件发展春提早和秋延晚甜瓜生产，有效延长伽师瓜市场供应期。他为农民传授科学种瓜知识，累计培训瓜农超过 8 万人次，教授瓜农科学整枝，合理浇水施肥，合理控制结果量，适时防控病虫害。伽师瓜商品率从 40% 左右提高到 70% 左右，亩产值达到 4 000 元左右。种植管理过程中采取早定苗、及时通风、撤棚后尽快追肥和整枝等措施，亩产值达到 6 500 元，亩均纯收入超过 4 500 元。

服务成效评价

翟文强 20 多年如一日，深入喀什地区田间地头开展生产示范、技术指导和技术培训，为农民解决种植问题，向广大瓜农传授科学种瓜知识，与县乡基层部门合作开展示范，带动新技术和新品种的生产推广，有效提高了喀什地区甜瓜生产水平，为喀什甜瓜产业发展做出了贡献，其工作成绩得到广大瓜农的认可。

扎根农村搞科研　科技成果富乡亲

——记新疆农业科学院科技特派员阿布都克尤木·阿不都热孜克

■ **个人简介**

阿布都克尤木·阿不都热孜克，中共党员，新疆农业科学院农作物品种资源研究所，副研究员。主要从事果树和大田作物高产栽培工作。近5年来主持自治区各类项目3项，参与科研项目9项，发表核心学术论文10余篇，获得实用新型专利授权2件，计算机软件著作权7项。荣获自治区科技进步奖二等奖1项及"自治区优秀科技特派员"称号。

一、倾情"三农"，为巩固乡村振兴提供有力的科技支撑和智力支持

阿布都克尤木·阿不都热孜克是农民眼中的"田专家""土秀才"，是乡亲们心里的致富能手，总能让"好技术"与"富群众"有机结合，以服务"三农"为出发点和落脚点，他秉持初衷、扎根基层，不仅是位懂技术的农业工作者，也是有能力、有爱心的技术担当者。

他在喀什地区的疏勒县担任科技特派员期间，对疏勒县库木西力克乡15个村的2 000余亩核桃、新梅进行新品种嫁接改造，推广嫁接技术，引进扎185和新农2号核桃新品种接穗，嫁接核桃林果面积1 350亩，欧洲李面积860亩，嫁接成活率86%，极大提升了林果产品的品质。他采用现场培训、示范，成果展示，课堂授课等多种方式，培训县、乡林果专业技术人员40人次，培训农民750人次，发放各类培训与宣传资料1 500余份，

带动当地果树种植大户和农民，提高了果树生产管理水平。他开展果树栽培和生产技术咨询服务，增强当地果农科学生产管理意识，转变思想观念，促进生产发展，形成核桃及欧洲李标准化栽培技术模式各一套，完成示范推广辐射面积7 200亩。

阿布都克尤木·阿不都热孜克（左三）在介绍葡萄树冬季田间管理技术

二、做好宣传，深入田间地头现场解决农民遇到的困难

在深入南疆四地州深度贫困村开展农业科技巡回服务期间，阿布都克尤木·阿不都热孜克先后针对喀什市、阿图什市、阿克陶县和塔什库尔干县的113个拟退出的贫困村开展农业科技巡回服务，以集中培训和现场培训的方式，共开展培训110场，培训1.2万余人次，发放各种宣传资料1万余份。通过讲解粮、棉、蔬菜作物的栽培管理和病虫防治，配方施肥，平衡施肥，果树的繁育、嫁接及管理等技术，他为基层解决实际生产中的关键技术问题5项以上，每年技术服务天数达65天以上。

他在莎车县霍什拉甫乡兰干村建立了1～2个沙棘种植示范区，示范和推广种植面积 1 000 亩，集成栽培品种和砧木改造嫁接等标准化果树栽培生产技术，指导培训林果专业技术人员 15 人次，培训农民技术员 300 人次，为霍什拉甫乡果树生产提供技术咨询服务、培训和生产管理指导等。

三、亲身示范，组织开展果树嫁接和管理技术培训和实际操作

过千遍眼，不如过一遍手，在嫁接和管理的培训中，阿布都克尤木·阿不都热孜克将农民纳入培训的整个过程中，专门制作技术培训宣传手册发放给农户，用农民容易接受的事物进行举例和打比喻，用农民容易接受的语言进行宣传培训，提高农民的接受度和理解能力，确保培训取得实效，让他们真正掌握技术。

他将每个村学习和动手能力较强的志愿者组织成立了专门的嫁接服务队，通过专门的培训后，打造一支"永不走"的技术服务队，将培训和学习的人员固定下来，提高他们的技术水平。

服务成效评价

阿布都克尤木·阿不都热孜克是大田作物和果树高产栽培领域的科技骨干，在基层服务期间他充分发挥自身的专业特长和优势，以农业科技巡回服务工作为桥梁，结合当地生产，以推广农村急需的农业新技术、新产品和新品种为抓手，增强农民的科技意识，推动当地农业经济发展和农民增收工作，为南疆三地州的广大农民增收致富、农业的科技进步、乡村振兴工作贡献了自己的力量。

扎根农村一线　助力特色林果业高质量发展

——记新疆农业科学院科技特派员伍新宇

■ 个人简介

伍新宇，新疆农业科学院园艺作物研究所农业推广研究员，硕士生导师，中国农学会葡萄分会理事，新疆节能减排科学研究会理事。主要从事葡萄产业规划、栽培和育种。主持国家和自治区科研课题6项，获各类科技奖励5项，发表学术论文36篇，主编出版论著1部、参编2部，获得发明专利授权4件，实用新型专利授权1件，修制定地方标准9项。

一、因地制宜，筛选引进适合本地种植的优质葡萄品种

和田地区墨玉县喀瓦克乡是和田地区葡萄栽培最集中、面积最大的乡镇，主要以无核白、和田红品种为主，长期以来存在品种单一、技术落后，葡萄产量低、制干效率低、商品性差，缺乏市场竞争力的问题。伍新宇深入调研了当地的现状，经过认真研究试验，从多个葡萄品种中筛选出生产大粒、香味葡萄干的无核白鸡心葡萄品种。伍新宇把技术归纳总结，编成简短易学的小册子，在当地开展标准化种植技术的试验示范和制干新技术的推广，并提出利用庭院围墙、走道等种植制干葡萄无核白鸡心，用制干成本低、效果好的简易拱棚式制干设施等措施。技术取得成功后，很快辐射到了和田其他产区，产生了明显效果，葡萄产量从700千克/亩提高到1 500千克/亩以上，葡萄干销售价格提高30%。

伍新宇（中）在讲解葡萄田间管理和病虫害防控技术

二、热心帮助，依托专业合作社和庭院经济保障产业发展

在走访和技术指导过程中，伍新宇结识了喀瓦克乡其纳村村民麦麦提图尔荪·麦提尼亚孜，家中有 20 多亩葡萄，种植的葡萄年年丰收，并自己生产葡萄干，在村里小有名气，热心的她对前来请教的村民毫无保留地传授种植经验，知道她这样善良和无私，伍新宇很受触动，协助他成立了墨玉县其纳农牧林农民专业合作社，进行了有机葡萄园认证，注册了"玉赫"牌商标，产品销往四川、浙江、陕西等地，辐射带动周边 4 个村的葡萄销售，社员每年可分红约 3 600 元，合作社接纳了本村富余劳动力 33 人，其中低收入家庭成员 22 人。

伍新宇参与编制的《和田地区庭院经济发展行动方案》指导和田地区发展庭院经济 42 万户，庭院面积 28 万亩。形成了以庭院制干葡萄为主的"小庭院、大产业"，达产后葡萄总收益达到 7.33 亿元，占庭院林果业总收益的 81.72%。户均增收潜力 1 693 元，人均增收潜力 406 元。

三、把握关键环节，发明沙漠保苗技术促进生态经济林建设

2012 年以来，和田地区大规模进行生态经济林建设，以绿洲边缘地区的红枣建设为主，基本上都采用该技术进行直播建园。喀瓦克乡位于绿洲边缘的沙漠地带，没有防护林，风沙特别大，点播的酸枣种子一出芽就被风沙吹掉生长点，成活率极低。伍新宇每天白天守在田间，晚上查阅资料，经过不断琢磨开发出一项发明专利"一种荒漠地区的保苗方法"，可有效保护出土的子叶、真叶和生长点，显著提高幼苗成活率。为了促进和田地区的生态建设，他决定将技术在和田地区免费公开使用。据和田地区林草局统计，该专利技术推广面积超过 20 万亩，果树苗木成活率从 20% 提高到90%，2 年实现建园，4 年进入丰产，果园红枣年产值达 6 亿元，对墨玉县生态恢复起到决定性作用。

服务成效评价

伍新宇长期从事特色林果业的技术开发和示范推广工作，通过对配套优质栽培技术、栽培模式和管理技术、葡萄制干设施和制干新工艺、荒漠保苗技术等的推广应用，指导当地成立专业合作社，有效提高当地葡萄种植效率和葡萄及其制品品质，解决当地土地利用率低、农民收益低、致富难的问题，提高当地葡萄干产品的市场竞争力，解决和田地区沙漠红枣直播建园的成活问题，对当地的经济建设和农民增收致富做出了贡献。

不忘初心 让甜瓜地里飞出"金凤凰"

——记新疆农业科学院科技特派员玉山江·麦麦提

■ **个人简介**

玉山江·麦麦提，中共党员，新疆农业科学院植物保护研究所副研究员。主要从事农作物病虫害预测预报、防治及其机制方面的研究。主持国家级和自治区级科研项目 6 项、参加 9 项，发表学术论文 11 篇，获发明专利授权 2 件、计算机软件著作权登记 1 项，参编专著 1 部，获自治区科技进步奖二等奖 1 项，荣获国家级和自治区级荣誉称号 2 项。

一、服务南疆，发挥自身技术优势为当地农民增收提供服务

玉山江·麦麦提在南疆喀什、和田地区的田间地头帮助农民提高种植技术，他在喀什疏勒县英阿瓦提乡组织农民种植"金凤凰"甜瓜品种，建立了 70 亩地的绿色甜瓜种植示范点，从品种选择、整地、播种、田间管理到病虫害防治，整个生产环节开展技术指导，与种植户一起参加甜瓜生产的每一个环节，实现"面对面的技术服务模式"，在病虫害防控中采取"预防为主，综合防治"措施，将甜瓜白粉病、霜霉病、蔓枯病等主要病害防治效果控制在 95% 以上。他采取订单方式组织农民种植"金凤凰"430 亩、复播甜瓜 800 亩、中熟瓜 500 亩，创造了平均 4 000 元／亩的经济价值。在和田地区民丰县安迪尔乡进行技术培训和指导，5 000 多亩的晚熟瓜获得平均每亩 4 000 元的经济价值。

玉山江·麦麦提（左一）向甜瓜种植户讲解田间管理和病虫害防治技术

他通过病虫害预测预报及精准施药技术，在没有施化学农药的情况下，将伽师县和疏勒县将近 25 万亩的双膜西甜瓜和正播西甜瓜的主要病害控制在 15% 以下，促进西甜瓜的稳产高产，有效保障了市场西甜瓜食用安全性。在他的指导下，伽师县 3 乡的部分农民种植的老汉瓜，每亩甜瓜纯收入 10 000 元以上，成为当年 3 乡农民增收的新亮点。他在喀什市阿瓦提乡、疏勒县罕南力克镇、库木西力克乡和伽师县 3 乡技术指导的同时，大力推动反季节西甜瓜高产栽培技术，每亩西甜瓜带来的纯收入平均达到 3 000 元以上。在喀什和和田地区成功种植麦茬复播甜瓜，改变了无法种植麦茬复播甜瓜的传统观念，创造了很好的经济效益和社会效益。

二、研发甜瓜多病毒快速检测技术，通过开展科技培训解决甜瓜常见病虫害问题

为有效解决和田地区、喀什地区甜瓜疫霉病、蔓枯病、白粉病，以及甜瓜生产中化学农药过度施用等问题，玉山江·麦麦提经过技术攻关研发甜瓜多种病毒病的快速检测试剂盒，弥补甜瓜病毒病快速检测试剂盒的短板。在喀什和和田地区成功种植麦茬复播甜瓜，改变了无法种成麦茬复播甜瓜的传统观念，创造了良好的经济效益和社会效益。他在和田民丰县安迪尔乡、亚瓦通古孜乡进行了甜瓜种植技术培训并现场制订甜瓜蔓枯病、疫霉病的防治措施，有效防

治了近 4 000 亩晚熟瓜的疫霉病，保障了种植户丰收。

他依托自治区特色林果提质增效"百千万培训行动"，在喀什、和田进行了现场培训一百多场次。他坚持长期在和田地区开展甜瓜栽培、病虫害防治的科技培训服务工作，共举办培训班 64 期、培训 5 万余人次，其中科技人员 300 余人，形成了一支稳定的甜瓜种植技术队伍，使主要病虫害控制率在 10% 以下。

三、实施订单式生产方式，不断提高甜瓜种植效益

玉山江·麦麦提在播种前帮助种植户联系销售订单，促成了与上海塔源食品有限公司签订购买协议，使销售额达到 5 200 元/亩、纯收入约达到 4 500 元/亩。同年，他在喀拉亚村试种了 4 亩复播甜瓜（前茬为小麦），掌握蚜虫传毒的关键时间，制订了防治措施，保证甜瓜安全生产，创造复播甜瓜销售达 8 000 元/亩的经济效益，相较于种植小麦复播玉米，复播甜瓜大幅度增加了农民收益，同时也改变了不能种植复播瓜的观念，惠及贫困户 17 户。

他在服务疏勒县玉鲜蔬菜鲜食玉米种植加工农民专业合作社期间，对 358 亩春季蔬菜和冬小麦的田间管理、采收及销售、复播蔬菜玉米和复播甜瓜的种植和田间管理、采收及销售等开展技术服务和指导，使每亩增收 300～400 元，复播甜瓜亩产量达到 1 200 千克，每亩收入 2 000 元以上，同时也打破了农民复播甜瓜不能种植的传统思想观念。

服务成效评价

玉山江·麦麦提发扬共产党员不畏艰难的精神，连续多年深入南疆喀什、和田地区的田间地头给技术人员及农户提供农业科技服务；为农民进行技术推广、病虫害防治和现场培训，帮助农民提高种植技术，助力大美新疆建设。

果农增产增收的良师益友

——记新疆林科院科技特派员阿卜杜许库尔·牙合甫

■ 个人简介

阿卜杜许库尔·牙合甫，新疆林业科学院经济林研究所副研究员，主要从事核桃、杏、西梅等果树栽培生理研究、技术开发及推广服务。主持、参加国家和自治区级科研项目共 27 项（其中主持 18 项、参加 9 项）；发表核心期刊论文 18 篇，出版专著 10 本，参与制定标准 9 项，获得发明专利授权 4 件、实用新型专利授权 6 件、软件著作权 6 项，获得自治区科学技术进步奖二等奖 1 项。

一、现场讲授，用通俗易懂、形式多样的方式传授果树管理技术

阿卜杜许库尔·牙合甫说得最多的话就是："果树随着每个季节在交替生长，随着时间的消逝发生着变化，你得快，要抓住这个时间，抓住每一个实施技术环节的最佳时机，一定要正确地掌握和操作技术，不然就会影响这一年的收成。"他对果农、对果树的真挚之情，也深深打动着果农们，因此他也被果农亲切地称为"泥腿子核桃专家"，无论走到哪里，都能成为农民朋友的好兄弟。

从 2014 年成为自治区级科技特派员至今，他连续 10 年深入南疆三地州开展技术指导服务，通过现场示范指导和多媒体讲座等形式实施核桃、杏、新梅等果树的品种改良和丰产栽培技术推广服务。在乌什县、叶城县、

和田县、于田县、拜城县、沙雅县、库车市等 10 个县市建立核桃、杏、新梅丰产栽培示范园 2 000 亩以上，辐射推广面积达到 10 万亩以上，经济效益和社会效益极为显著。在技术指导服务中，他能够理论联系实际、深入浅出讲解存在的问题、解决方式和管理技术。

阿卜杜许库尔·牙合甫（中）在讲解核桃树田间管理技术

二、坚持不懈，用自己的努力和服务解决果农技术难题

在开展核桃树高位嫁接及其后续管理培训的时候，阿卜杜许库尔·牙合甫通过对比嫁接改优核桃园和未改优实生核桃园在经济效益上的显著差异，使果民兄弟切实体会到了科学管理、选对优良品种对年终收益的重要意义。并手把手地教大家学会多数果农尚未用到的嫁接方法、包扎方法，以及嫁接后最关键的修剪管理方法。诲人不倦地解答疑惑是他的本职，更是他的特长，而现场出乎意料的掌声也是他解除疲劳的良药。经过他的坚持不懈和努力，多数果农都主动学技术、主动嫁接改优，甚至将树龄 50 ～ 60 年生的大核桃树也进行嫁接。但问题又来了，对于大龄核桃树嫁接后的核桃树如何管理，由于没有足够的技术经验，果农们又陷入了困惑和焦虑中。他也刚好挖掘到了果农急需解决的技术难题，依托自己发明专利的技术成功解决了这一难题。

三、胸怀果农，解决群众致富路上的技术短板和难题

在和田县布扎克乡布扎克村村民达吾提的核桃园，阿卜杜许库尔·牙合甫发现发生腐烂病的核桃比较多，还有蔓延的趋势，原因是管理方法不得当，就把大家召集到核桃园，找了几棵腐烂病较重的核桃树，让大家仔细看清楚这一病害，动刀刮除病害处，涂抹上药物，并详细讲解处理后要注意的事项，最后为在场的农民发放了自编的技术明白册，让果农在增长知识的同时，提高对核桃种植技术的重视程度。

在近 8 年的科技特派员生涯中，他改良的果树株数超过 35 万株，嫁接成活率 95% 以上，嫁接保存率 90% 以上，亩增产值 42 ～ 280 元，培训果农、技术骨干累计已超过 3 万人次，推广"高位嫁接核桃树标准化管理"技术 8 万亩，嫁接保存率较对照 60% ～ 70% 提高到 85% ～ 90%，有效降低了枯萎死株现象，节约二次嫁接费 600 万～ 1 000 万元。在乌什县奥特贝希乡下墩其格 11 村承担并建设全疆首个 18 年生低产低效老杏园品种改良示范园 350 亩，选择主栽品种"吊干杏"，当年嫁接成活率达 95%，保存率 92%，产值达 28 万～ 56 万元，完成嫁接改良 2 万株，嫁接成活率 97.97%，深受行业部门和果农的肯定与认可。

他通过各种形式的科技服务，大幅提高了农民的林果科技素质，增强专业竞争力，促进了农民增收。在工作中，热心为群众办实事、办好事，被广大果农群众视为知心朋友、生产实践的老师、致富路上的科技"财神"。

服务成效评价

阿卜杜许库尔·牙合甫作为一名林果技术科技特派员，心系群众，扎实工作，无私奉献，充分发挥自身技术优势和专业特长，在品种改良、新技术推广、培训人员等方面做出了较大成绩，赢得了广泛好评和赞誉，为新疆林果科技推广和科技特派员工作做出了积极贡献。

饲料科技入农户　增收致富好帮手

——记新疆畜牧科学院科技特派员郭同军

■ 个人简介

郭同军，新疆畜牧科学院饲料研究所副所长，博士，研究员，硕士生导师，从事反刍动物营养与奶业科学研究与推广工作。曾主持完成各类相关科研项目 10 余项，负责实施国家级、自治区级项目 20 余项，获自治区科学技术进步奖二等奖 2 项，参与编写著作 10 部，参与完成行业和地方标准 3 项，授权发明专利 4 件，实用新型专利 4 件，软件注册权登记 3 项。发表学术论文 35 篇，其中 SCI 论文 2 篇，EI 论文 1 篇，其中以通讯作者发表学术论文 22 篇。

一、发挥专业优势，深入了解基层农牧民养殖面临的问题和困难

郭同军（中）在讲解多浪羊养殖关键技术

郭同军在第一次赴巴楚县色力布亚镇阿勒台开斯克（12）村（以下简称 12 村）查看畜牧养殖情况时发现，当地农牧民饲喂牛羊的草料大多都不经加工直接饲喂，造成饲料浪费大且转化率低，加之饲草因贮存不当有霉变等问题，饲草料利用水平相

当糟糕。"要想发展养殖业，首要任务就是提高现有饲草料的利用效率，同时扭转村民传统的养殖观念。"他暗自下定决心，联合新疆畜牧科学院驻村工作队建立"秸秆配合颗粒饲料加工点"，组织村民学习科学饲养技术、合理搭配饲料，有效提高养殖效益和经济收益。

二、深入宣传，大力推广科学养殖技术和方法

为了解决农作物秸秆浪费大、饲喂原料单一的问题，郭同军频繁往返于 12 村和工作单位，节假日也不休息，大力推广可将适口性差而农村常见的非常规饲料如棉秸秆、瓜秧、藤蔓等加工成颗粒，养殖牛羊"过腹还田"的方法，宣传秸秆配合颗粒饲料的好处，免费给农民发放秸秆配合颗粒饲料 4 吨，覆盖养殖户 50 户，户均 2 袋。颗粒饲料饲喂效果很明显，颗粒饲料的适口性好、饲喂方便，绵羊采食量高、增重快，又方便贮存，村民们接受了"秸秆配合颗粒饲料"，均表示愿意继续用颗粒饲料。可是农民不愿花钱购买秸秆颗粒饲料，而农民自己加工颗粒饲料又需要专用的设备。

"科技特派员，就是要做给农民看、带着农民干、帮着农民赚。"他这样说，更这样做，在他的不懈努力下，争取项目经费 24.5 万元，额外协调经费 35 万元，为 12 村安装了集粉碎、混合、制粒、冷却和筛分为一体的颗粒饲料加工设备机组 1 套，建成了 135 米^{2}的饲料加工车间，每小时可生产秸秆配合颗粒 400～1 000 千克，真正实现了 12 村农作物秸秆和非常规饲料的高效利用。

三、总结经验和技术，精心编制面向基层农牧民的饲料配方、技术手册

颗粒饲料加工设备的问题解决了，郭同军又操心怎样让农民掌握饲料配方、养羊技术，如何保证让每个农民家的农作物秸秆和非常规饲料得到高效利用，提高绵羊育肥增重收益。他基于巴楚县地域饲料资源种类和特性，调配了适合绵羊不同种类、不同生理阶段的秸秆配合颗粒饲料配方，为保证每个农户

科学高效养殖，维持不同生理阶段的绵羊营养需求提供了有力技术支撑。

为了给广大农民通俗易懂地指导养羊技术，他主编了维汉双语版《图说高效养羊关键技术手册》，以图文并茂的形式，非常简洁、直观地介绍养殖过程的各个环节，受到农户们的热烈欢迎，2021 年和田地区冬季技术培训，将本书复印发放了 5 万册。

四、用心"送智"，不怕苦累，不断提升当地农民畜牧生产的专业技术水平

郭同军带领专家以技术输出、智力帮扶为主线，先后在 2 个村指导推广颗粒饲料、庭院养殖技术。为让农牧民接受，他与专家们一起一遍遍地讲，同时进行现场示范，入户指导长草短喂、青贮收贮、秸秆配合颗粒饲料利用和饲养管理等技术，使农牧民足不出户就能享受到高水平农牧业的相关培训。他通过入户技术指导和集中技术培训相结合，专家点对点、点对面、面对面、手把手地开展技术指导与服务，精准对接农民需求，最终获得广大村民的一致称赞，大幅提升当地农民畜牧生产的技术水平。

服务成效评价

郭同军作为一名畜牧工作者，始终把为养殖场和农牧民服务作为自己的首要责任，想方设法地解决农牧民急难愁盼的问题，守护养殖户的动物健康，服务动物源性食品安全，做生态环境保护的助推者和养殖户的贴心人，为养殖户增收、为畜牧业增产尽自己的最大力量。

促进乡村产业发展　推动农牧民增收致富

——记新疆畜牧科学院科技特派员汪立芹

■ **个人简介**

　　汪立芹，新疆畜牧科学院生物技术研究所研究员，兼任塔里木大学硕士生导师。主要从事羊繁育技术的研究及推广工作。先后获得自治区科技进步奖一等奖 1 项、二等奖 2 项；获得发明专利授权 8 件；实用新型专利授权 4 件；软件著作权登记 5 项，以第一作者撰写并颁布实施地方标准 4 项，在国内外核心期刊发表学术论文 60 余篇。

一、回归初心，转变工作重点，将实用技术用到生产中去

　　汪立芹最开始主攻的是绵羊的克隆、干细胞、体外受精等基础研究方向，经过团队成员的多年努力，取得了一定的成绩，获得了一批克隆羊、干细胞核移植羊，以及体外胚胎高效发育的成果，但这些技术主要应用于实验室内的科学研究，极少有机会应用于生产。一次偶然的机会，她和一个全国著名的种羊生产企业负责人深入交流，才了解到生产上对高效繁殖技术的渴求。是继续高深技术的基础研究，还是将成熟的、高效的生产技术推广应用，成为她必须做出选择的难题。经过激烈的思想斗争，她决定转为技术推广，到羊圈、牧场等生产一线，为畜牧业生产解决现实问题，为养殖户实现增收提供支撑。

二、量身定做，解决技术应用"最后一公里"的问题

既然下定了决心，就要把工作做好，而不能仅停留在口号上，汪立芹的技术团队最擅长的是绵羊高效繁殖技术，而现实中生产模式不同、养殖规模不同、生产经营主体不同，并不是所有的技术都适合。套用一句流行语"总有一款适合你"，这就解决了技术推广部门千篇一律的不一定适用的技术方案在生产中不能大规模推广应用的难题。

汪立芹（左二）在开展人工授精技术培训

她和技术团队已经在南北疆的 30 余个县市，与企业、合作社、个体养殖户合作，开展了绵羊高效繁殖技术的推广应用工作，每只母羊单次产羔率约提高 10%，每只杂交羔羊比土种羊价格高 200 元左右，每只母羊单次产羔即可增收 220 元，对于农区的舍饲养殖，采用两年三产技术，生产效率达到原来的 1.5 倍。

三、培养人才，坚信"星星之火，可以燎原"

科技特派员、技术推广员数量有限，远不能满足生产的需求，只有把数量巨大的、与生产贴合最紧密、最基层的技术人员培训出来，才能解决

这个问题。汪立芹及其技术团队创新培训方法，以手把手的培训方式为主，教出了一批又一批真正掌握技术并能开展技术服务的技术员，他们不仅自己技术提高了，还为周边的养殖户提供技术服务，不仅提高了自己的收入，也促进了养殖户增收。她培训的足迹已经遍布阿勒泰地区、伊犁哈萨克自治州、塔城地区、阿克苏地区、喀什地区、巴州、克州等多地。这就是坚信"星星之火，可以燎原"的最好诠释。

四、树立典范，从而以点带面推广应用绵羊高效养殖技术

万事开头难！如何让广大养殖户接受先进的生产技术，是适用技术能大规模推广应用的关键。汪立芹通过摸索和多次尝试，最后决定采用"先树立典范，逐步以点带面"的方式，只选一个有强烈增收意愿、愿意配合的合作社作为先行示范点开展技术服务。经过两年连续不间断的技术服务，该合作社的产羔率由原来的不到110%，提高到了现在的140%多，能直观感受到"羔子比母羊多"的震撼，这就是最有说服力的广告！

服务成效评价

汪立芹足迹遍布南北疆多个县，为当地养殖产业规划出谋划策，为基层技术人员提供绵羊繁殖技术培训，为养殖合作社和企业提供技术服务工作，极大提高了优质种公羊的利用率和母羊产羔率，促进了当地畜牧产业的健康发展。在她的带动和服务下，更多的乡村家庭加入了绵羊养殖的队伍，既解决了乡村富余劳动力的就业，又增加了养殖户的收入，取得了显著的经济和社会效益。

认真履行职责　深入基层开展科技服务

——记新疆畜牧科学研究院科技特派员赛里克·都曼

■ 个人简介

　　赛里克·都曼，新疆畜牧科学研究院驻克孜勒苏柯尔克孜自治州（以下简称"克州"）工作站站长，副研究员，主要从事草地生态、天然草原管理、人工饲草地建设、饲草料作物高产栽培、饲草高效利用、家畜品种改良与高效养殖等研究与示范推广工作。主持和参加国家及自治区、地州级科研项目 35 项，负责编制可行性研究报告、实施方案和施工图设计、产业发展规划 130 余项，发表论文 30 余篇，合著著作 1 部，获国家软件著作权登记 3 项，获实用新型专利授权 3 件，参与编制国家及自治区生态建设工程规划与方案 6 项。

一、认真履行职责，深入基层服务于群众

　　为掌握广大农牧民的生产需求，赛里克·都曼深入乡村，结合当地资源条件，因地制宜，开展先进生产技术的示范推广，通过做示范、做样板，直观地引导农民学科学、用科学，使农牧民意识到社会经济的发展必须依靠科学技术。他深入基层采取各种形式进行科普宣传和技术培训，用"接地气"的语言举办各项集中培训 20 余期，受训人数 3 300 余人次，其中基层技术员和乡村干部 360 人次，农牧户近 3 000 人次，建立科技示范企业（合作社）5 个，科技示范户 15 户。开展科普宣传活动 6 次，自编发放汉文、柯尔克孜文、维吾尔文三种文字的宣传手册和材料 3 万份，建立饲草种植

试验地 800 亩。

　　他邀请行业专家到克州进行饲草料种植与高产栽培、动物疫病防控、人畜共患病防治、家畜常见病治疗、饲草料加工与利用、科学饲喂、牛羊品种改良、同期发情等方面集中培训及现场实训指导，共邀请专家 15 批，培训 42 场，受训的基层畜牧业技术人员、村级防疫员、养殖合作社负责人及农牧民数量达到 1 万余人。

赛里克·都曼（右一）向种植户讲解优质饲草种植技术

二、认真做好示范样板，引进适合当地的新技术、新品种

　　赛里克·都曼在克州开展优质高产青贮作物品种筛选、高产栽培、有效收贮技术试验示范与推广工作，累计示范基地种植面积达 1.1 万亩，选种的主要青贮和粮饲兼用玉米品种产量高达 8 吨以上，瘠薄农田产量达到 4 ～ 5 吨，比种地方主推品种提高 2 ～ 3 吨。他试种和推广的青贮玉米、饲用甜高粱、狼尾草、燕麦、豌豆、秋播黑麦草等饲草品种 25 个，牧草干草产量达到 1 ～ 1.5 吨，填补了克州高原种草的空白。

　　在他的大力宣传和指导下，克州实现了牧草与秸秆全部打捆、80% 以上的正播玉米和所有复播玉米实现窖贮或裹包青贮，为养殖业提供了坚实的饲草料保障，全州种植正播玉米 9.19 万亩，复播玉米 27.42 万亩，青贮玉米 8.5 万亩，推广种植耐盐碱牧草 2 000 亩，耐寒牧草 2 万亩，高产苜蓿 4 000 亩。

三、积极推动畜牧品种改良，协助做好动物疫病防控工作

赛里克·都曼积极推动克州畜禽品种改良工作，先后参与了帕米尔牦牛品种改良、柯尔克孜羊选育与品种改良、柯尔克孜马品种保护、肉（奶）牛良种繁育等方面的工作，加快当地畜牧产业杂交改良步伐，推动了高原地区畜牧业提质增效。他引进了牦牛冻精 1.5 万剂，采取"同期发情＋人工授精"的技术措施冷配 7 160 头当地牦牛，开展肉羊人工授精 6 万只，新增柯尔克孜羊核心群基础母羊 6 500 只。他组织体尺测定数据分析和外貌鉴定综合评定，鉴定柯尔克孜马 465 匹，其中公马鉴定等级一级以上、母马鉴定等级二级以上的 410 匹马纳入良种补贴对象，委托发放补贴资金 182.34 万元。在他的努力下，克州实现冷配技术全覆盖，共完成肉牛冷配 10.5 万头。

他还协助指导克州动物疫病防控与畜产品质量安全监管、产地检疫及屠宰检疫、牲畜调运环节监管，及时组织了解掌握免疫进展，保证免疫密度和质量。他邀请行业专家开展重大动物疫病集中免疫、疫苗注射规范操作、动物布鲁氏菌病防控、疫情处理、预防和控制、职业人员自我保护、人畜共患病防控、牛羊常见病的诊断和治疗、便携式 PCR 核酸检测箱使用等培训和现场实训工作。

服务成效评价

赛里克·都曼针对克州饲草料严重短缺、畜牧业发展相对落后等问题，深入实地调研，结合本地特点编制具体工作方案，认真履行职责，积极推进饲草作物种植、高产栽培，以及其他畜牧专业技术培训和各项新技术、新品种引进与应用示范、天然草场保护与合理利用等工作，同时为畜禽品种改良、动物防疫等业务工作进行技术指导，为克州畜牧业全方位发展做出了贡献。

服务家禽产业　助力脱贫攻坚

——记新疆农业大学科技特派员李海英

■ **个人简介**

李海英，中共党员，新疆农业大学教授，博士生导师，主要从事新疆地方特色畜禽品种选育、禽种质资源利用与繁育、家禽营养与代谢、高效养殖关键技术等方面的技术研究、组装、技术示范及产业化推广工作。主持国家、自治区、厅局级科研项目 14 项，获省级科技进步奖励 2 项，发表论文 100 余篇，参与制定地方标准 2 项，获得专利授权 6 件。

一、走遍天山南北，深入基层开展技术推广和服务工作

李海英依托团队，立足新疆家禽产业发展，重点在南疆和田、喀什和阿克苏等地区大力开展家禽实用技术示范推广、技术培训与服务等工作。她多次前往和田地区，指导当地农民开展养鸡生产，开创性地指导农民开展核桃林下养鸡生产，推广养鸡 10 万只以上，饲养期缩短 2 个月，成活率提高 10%～15%，料重比降低 14.3%，养殖户户均年增加收入 8 700 元，养殖示范户所在村集体年增加经济收入共计 25.5 万元。

她在伊犁地区分别对规模化养殖场 1 万只伊犁鹅开展了 4 个鹅饲料产品的养殖生产示范，鹅产蛋量提高 20%～40%，孵化率、成活率提高 10%～15%，料蛋比降低 20%～30%，直接经济收益超过 2 000 万元，培训从业人员 500 人以上。

她对 4 户于田麻鸭养殖户的 4 000 余只种鸭开展了技术示范工作，麻鸭产蛋量提高了 40%，产蛋期延长了 3.5 个月，破蛋率降低了 50%，麻鸭成活率提高 10%，户均鸭蛋收益增加了 1 万元以上。

她前往和田地区指导当地养殖企业及养殖户开展养鹅生产，开创当地"农户＋国有企业"汇聚增收合力的新模式，采用现场指导及线上交流等多种形式，对养殖企业及养殖户进行有针对性的技术服务，切实增加了养殖户的经济收入。

李海英（左一）现场指导鹅规模化养殖技术

二、组建技术服务团队，不断引进家禽产业的新技术、新成果

李海英加强联合各学科专家，以研究梯队式的大学生科研创新模式为基础，建立科学的管理和科研体系，围绕家禽育种、种质资源保护及开发利用、高效养殖等方面展开工作，并将科研成果应用于生产一线。她完成了对南北疆家禽养殖情况及存栏摸底调查，指导开展了和田黑鸡、拜城油

鸡和伊犁鹅的保种工作，指导和田地区肉鸽4个专门化品系的选育，解决了新疆3个国家级保护品种亟待解决的技术瓶颈。她积极联络北京和江苏蛋鸡产业技术专家，针对新疆家禽种业发展及家禽遗传资源普查工作进行技术指导与交流，开展了吐鲁番斗鸡、塔城野迷离原鸡的遗传资源的实地调研等。

她依托家禽产业技术体系，充分发挥专家技术支撑力量，为政府的决策建言献策，完善了自治区种禽场验收标准的修订，家禽保种场育种规划提纲编写等工作，为自治区各级政府、高等院校和科研院所提供了有参考价值的信息资源。

三、深入一线，开展灵活多样的技术培训服务

李海英带领学生进入生产一线，参与养殖试验、技术示范、样本采集、数据整理与实验室分析等各方面的工作，在实践中提高学生的专业技能水平。为了让更多的农牧民听得懂、学得会、用得上，她长年在南北疆5个地州，采取集中授课、课堂答疑、养殖现场指导和交流等形式，开展了养殖技术培训，累计培训5 000余人次。同时，积极组织编写培训材料3套，口袋书1本，组织人员进行双语翻译。

服务成效评价

李海英作为自治区家禽产业技术体系领衔专家，长期坚持不懈进行技术培训和服务，示范推广家禽高效健康生产技术，为政府的决策建言献策，提高了家禽企业经营管理水平，促进了农牧民科技素质的提升，对农牧民增收致富、产业发展和促进就业，都具有十分重要的现实意义。

科技赋力产业发展 纵深服务乡村振兴

——记新疆农业大学科技特派员王金泉

■ 个人简介

王金泉，新疆农业大学实验室与基地管理处处长，动物医学学院教授，主要开展新疆草食动物生长发育调控及保健技术研究，聚焦新疆传统牛羊产业和特色马产业，注重科学研究社会服务和专业人才培养。主持并参与国家级、自治区级各类科研项目 30 项，发表 SCI 收录论文 7 篇，中文期刊论文 81 篇，教材 2 部、译著 2 部、专著 1 部，地方标准 1 项，获得发明专利授权 8 件，新兽药证书 2 项。获自治区科技进步奖励 2 项、自然科学优秀学术论文一等奖 1 项及自治区"教学能手"，自治区"杰出青年科技人才"荣誉称号。

一、深入基层，积极开展动物疫病防控和健康养殖技术指导

王金泉带领服务团队不定期深入阿克苏地区、和田地区、喀什地区、伊犁哈萨克自治州等地，开展面向基层服务的远程智能辅助诊疗及信息化管理工作，通过远程视频问诊、专家在线咨询等形式，实现了对县市专业人员、毕业实习学生、村级防疫员及畜牧业养殖人员的动物疾病远程防控、技术咨询、动物疾病初步远程诊断治疗、动物疫情预警和疫病预防控制等工作，提升村级防疫员和县市级专业人员的业务能力。他通过乡村的科技服务站开展线下服务，与养殖企业签订服务协议，带动了整个产业的规范

化高效发展。

　　他在和田、喀什等地利用平台培养毕业实习生 215 人次，培养双师型中青年骨干教师 12 人，开展县市兽医专业人员、村级防疫员及畜牧业养殖人员动物疾病防治技能培训 3 000 余人次，进行现场诊疗技术服务和培训 50 余场次，建立动物疾病防治"互联网＋平台"科技服务工作站和田地区于田县示范点 2 个，喀什市英吾斯坦乡示范点 1 个，为企业和养殖户提供动物疫病检测诊断服务 100 余次。

王金泉（右三）向养殖户讲解家禽疾病发病机制及预防措施

二、精准定位，面向不同群体提供个性化专项科技服务工作

　　王金泉考察了于田县部分企业鹅、鸽养殖现状，将服务群体划分为规模化养殖企业、农民合作社和散养户三大类。他协助建立联合兽医院，开展动物疾病诊治现场指导及兽医专业技术人员培训，全年实时开展远程动物疾病防治指导工作，针对于田县特色养殖开展疾病防治专项服务。在于田县先后开展现场技术服务 102 次，服务企业或合作社 5 家、养殖户 250

多户，培训专业技术人员 176 人、养殖户 1 150 人，协助建立动物疾病防治科技服务工作站 2 个，远程动物疾病防治指导服务 1 200 余次，开展实用技术培训 14 场。他通过开展科技服务，既提高了当地专业技术人员解决实际问题的能力，又增强了基层人员和企业对动物疾病防控的意识，降低动物病死率 5% ～ 10%。

三、针对基层产业发展瓶颈，发挥自身优势解决技术难题

王金泉服务团队义务为当地企业、养殖场和养殖户开展鸡、鸭、鹅、羊、骆驼等疾病治疗。通过开展服务重点解决了基层动物疾病防控技术、人才缺乏等相关的问题，完善和丰富了当地动物疾病防控知识及防控方案，提高了基层兽医技术人员和养殖人员技术水平，解决了地方政府在动物疾病综合防控、动物重大疾病快速处置及长效监控方面的问题。

服务成效评价

王金泉不定期在和田、喀什、阿克苏、伊犁、阿勒泰、塔城等开展县市兽医专业人员、村级防疫员及畜牧业养殖人员动物疾病防治培训，现场培训和技术服务，集中讲座和远程诊疗指导，既培养了当地专业技术人员解决实际问题的能力，又提高了基层养殖人员的专业素养，进一步增强了基层人员和企业对动物疾病防控的意识，取得了显著的经济效益和社会效益。

科技助力肉鸽养殖　带动农民致富增收

——记新疆农业大学科技特派员巴吐尔·阿不力克木

■ 个人简介

巴吐尔·阿不力克木，新疆农业大学食品科学与药学学院教授，研究领域为特色肉类加工与质量控制，在牛羊肉和禽肉加工方面开展教学科研、指导培育企业、培养青年骨干人才、技术服务等工作。承担国家、自治区级、厅局级科研项目 25 项，撰写专著和教材 7 部，发表论文 70 余篇，申请专利 7 项。担任自治区食品安全委员会专家委员会委员，自治区农区高效肉羊品种选育推广技术体系特聘专家，现代食品科技、食品科学技术学报期刊编委等。

一、开展技能培训，提升养殖户增收致富能力

巴吐尔·阿不力克木针对墨玉县萨依巴格乡乌恰特村肉鸽养殖效益低、缺乏鸽肉加工技术、村民就业难等问题，开展鸽肉加工技能培训，提高养殖户增收致富能力。他建立乡村鸽肉加工及品鸽技术推广示范基地，开发特色鸽肉产品，结合快餐品鸽服务提升鸽肉产业附加值，带动商品肉鸽规模化养殖、鸽肉深加工、保鲜贮藏及销售，宣传普及中华民族鸽文化，提高了村民对产业的认识，推动了乡村经济发展，实现了就地就业、精准脱贫致富，并使肉鸽产业成为乡村产业经济增长点和帮扶脱贫的一个新亮点。

他全面开展商品鸽屠宰加工、冷鲜白条鸽加工、鸽肉产品深加工、鸽肉产品销售、鸽肉快餐及品鸽等技能培训，举办宣传鸽产业文化活动，组

织开展技能培训 5 场、文化活动 2 场。通过相关技能培训提升了村民脱贫致富能力，活跃鸽产业文化，促进了产业发展。

巴吐尔·阿不力克木（中）向村民传授肉鸽加工技术

结合当地肉鸽产业发展实际，他根据村民文化水平和兴趣特点进行单项式的技能培训和现场技术指导服务，发挥特色优势，鼓励规范化生产，不断提高鸽肉加工利用率、提升加工技术水平，助力鸽肉加工业持续健康发展。

二、建立合作组织，不断壮大村集体经济

巴吐尔·阿不力克木依托新疆八博士餐饮管理有限公司在贫困村建立乡村鸽肉加工及品鸽技术推广示范基地，引导村民组织合作、鼓励入股，以成果转化的形式推广应用技术。他建设肉鸽屠宰线、加工车间、销售平台、餐饮服务模式，设置不同工作岗位，定岗聘用工人，进行现场培训及技术指导，使村民掌握各种鸽肉产品加工技能。他在生产示范基地开展各类技能评比竞赛和鸽产业文化活动，激发村民学习科学技术的兴趣和积极性。同时指导培养合作实体负责人、技术员、销售员等，开发各种鸽肉产品，提升商品肉鸽的加工利用率和附加值，建立"订单式"的生产销售模式，扩大产品市场，促进产业发展，提高村集体经济收入。

三、服务企业，利用当地优势资源开展新产品开发

巴吐尔·阿不力克木团队利用当地肉鸽资源，开发了冷鲜白条鸽、卤鸽、五香油鸽、烤鸽等4种肉鸽加工产品，完成了产品商标注册、包装设计、销售方案，转化应用冷鲜白条鸽和鸽肉精深加工新技术2个，推广应用模式1个，实现了年加工肉鸽10万只、营业收入300万元的生产规模，培养企业管理骨干2名、本土专业人员5名，提高了企业产品加工和创建品牌能力。

他组织企业在当地举办现场招聘会，定岗聘用工人在企业就业，先后在乡村分批开展技能培训7次，培训200余人次，参加培训人员满意度达90%以上；结合餐饮业承包带动农户50户，辐射带动150户，实现稳定就业20人，灵活就业69人次；助推企业发展、村集体收入增加，进一步提升了村民增收致富能力。

服务成效评价

巴吐尔·阿不力克木针对当地肉鸽养殖效益低、村民就业难、脱贫难等问题，深入乡村提供技术服务和指导，开展技能培训，建立合作组织，解决了产业发展相关问题，促进了当地产业发展，提高了养殖户生产劳动积极性和增收致富能力，壮大村集体经济，为当地鸽产业健康可持续发展做出了突出贡献。

牢记使命　乡村振兴结硕果

——记新疆农业大学科技特派员周龙

■ **个人简介**

周龙，新疆农业大学园艺学院党委委员，园艺系主任，博士生导师，中国园艺学会理事，新疆维吾尔自治区园艺学会秘书长，自治区万名农业科技人才服务乡村振兴首席专家。主要从事新疆特色果树种质资源和栽培生理研究工作。主持和参加国家级、自治区级科研项目17项，获得发明专利授权3件，通过（新）林木良种审定4个，发表学术论文65篇，作为副主编和参编的著作共6部，编制技术规程5项。

一、科技进心田，作"三农"政策的宣传员和科技推广的排头兵

实施乡村振兴战略是全面建成小康社会的重要保障，我国为此出台了很多惠农政策，周龙在开展技术服务期间发现一部分群众思想比较保守，文化水平参差不齐，接受新思想的能力较差，严重阻碍了农村产业和经济的发展。针对这种情况，他在进行现场实操和室内讲座时深入浅出地提供国家和自治区"三农"政策解读，使广大种植户充分理解了林果产业在国家和自治区乡村振兴中的重要作用。

他针对产业关键问题开展精准攻关，扶智和扶技相结合，组织农民进行现场实操、整形修剪、病虫害防治、花果管理等形式多样的实用技术培训。周龙在达坂城西沟乡、阿瓦提县拜什艾日克镇托万克库木艾日克村等

地建成 9 个标准化科技示范园，辐射推广面积 10 000 亩，制定地方栽培技术规程 5 项，制作科普展板 11 幅，编写科普读物 2 项，培训 35 名基层科技工作者，开展了系列科技服务和科普活动 55 余次，走访种植大户 26 家，座谈龙头企业 11 家，涉及 39 个乡村，覆盖村民 5 000 余人次，培养了一批科普宣传员，发放《果树栽培口袋书》《维汉双语果树栽培实用技术》《环塔里木盆地果树栽培技术》等科普读物 1 000 余册。

周龙（中）向种植户讲解核桃提质增效田间管理技术

二、以问题为导向，补齐"三农"科技短板，用实际行动践行初心使命

周龙把满足农民对科技的需求放在首位，他坚持"高位嫁接，重心下移"的运行机制，不仅要领着农民干，还要做给农民看。为了增强基层技术推广服务的效能，他在乌鲁木齐县达坂城区自己承包土地建立"科技小院"，引进适合高纬度、高海拔、高寒"三高"地区栽培的林果新品种，一改当地只能种洋葱、马铃薯、小麦和玉米单一农作物的局面，真正打通科技成果转化的"最后一公里"。在阿瓦提县拜什艾日克镇托万克库木艾日克

村，他建立核桃科技示范园107亩，惠及农户38家，县域辐射带动5 000亩，第二年测产示范园核桃产量平均比前一年增产30%。他与新疆中信国安农业科技开发有限公司合作在玛纳斯县凉州户镇建立葡萄新品种科技示范园130亩，在新疆五大葡萄栽培区引进和推广鲜食葡萄品种20多个。

三、厘清科技需求，实现全产业链全程精准服务

产业是发展的根基，也是乡村振兴的主要依托，周龙自己开展科技服务的同时，还邀请自治区植保、果品贮藏加工、市场营销等行业专家一起为产业问诊把脉，将科技服务由"单人单点"向"组团联动"服务转变，逐步构建新型农村科技服务体系。

周龙每到一处都要和果农及乡土专家就种植户构成、产业发展情况、种植水平进行深入交流，开展细致的调研工作，在摸清农业产业发展现状，明确科技服务的有效需求和潜在需求之后，制订科技服务方案，促成"订单式"需求对接和"菜单式"服务供给精准匹配，确保选准区域、选对技术。

他利用小视频、现场培训、向林果种植户微信群发布信息等多种途径科学开展春防工作，并提出春灌降低土壤温度，设置稻草做好果树花期熏烟防寒准备，根茎部刷石硫合剂和石灰的混合涂白剂、北疆葡萄延迟开墩等技术要领，最大限度地减少灾害损失，帮助农企和农户渡过难关。

服务成效评价

周龙积极响应习近平总书记人才下沉、科技下乡、服务"三农"的总要求，以立德树人为根本，以强农兴农为己任，带领团队常年活跃在生产第一线，开展新品种推介推广、产业咨询、提质增效关键技术服务、病虫害防治、保鲜贮藏、精深加工，以及产业经济等全产业链系统科技服务，在培育科技产业、培养科技人才，实现脱贫攻坚与乡村振兴无缝对接中发挥了重要的作用。

创业篇

CHUANGYEPIAN

授人以渔　收获成功的喜悦

——记乌鲁木齐市米东区科技特派员张占魁

■ 个人简介

　　张占魁，乌鲁木齐市米东区原政协委员，新疆盛汇生态渔业有限公司经理，高级技师，从事鱼类新品种引进、研究繁育推广 20 余年，先后引进繁育推广了欧洲丁鲅、斑点叉尾鮰等十余种新品种及原良种，成果推广遍及乌鲁木齐、昌吉等 12 个地（州、市），为新疆渔业结构调整和渔业增效、渔民增收做出了积极的贡献。先后主笔制定自治区地方标准 3 项，乌鲁木齐市地方标准 2 项均已发布实施。先后完成国家、自治区等各类科研项目 8 项，荣获市级科技奖励 2 项，获其他各类荣誉称号 3 项。

一、心系群众，为民谋利，把无私的情怀融入所从事的事业中

　　张占魁开展渔业技术推广服务和健康养殖示范工作 20 余年，不断探索先进技术，积累了丰富的经验。他不忘初心，多次帮助受灾和低收入养殖户渡过难关，经他技术指导、防治鱼病扶持帮助的养殖户达百余家，免费送出鱼苗达 400 余万尾，折合现金 13 万元以上，路途最远的帮扶到 2 500 公里以外的和田地区，还无偿提供鱼药和技术给周边低收入养殖户。

　　水产养殖户有了问题，只要他能到现场，就像是吃了"定心丸"，业内人士都知道，水产养殖户每年都会碰到一些意外情况，所以养殖户时刻牵动着他的心，尤其是一些家庭困难的养殖户在养殖过程中出现养殖池塘缺

氧或病害造成全塘鱼死亡，他自己掏腰包买药帮他们救治，及时挽回了他们的经济损失。在和田地区于田县开展服务时，当他走进养殖户家中，眼前的一幕幕让他再也割舍不下。当地养殖户缺乏养殖经验，也没有人可以指导他们，既不懂科学养殖技术，又没有其他经济来源，当他看到这一幕，即刻就下定决心想尽一切办法也要让他们富裕起来，不仅仅是赠送鱼苗和消毒药，还送技术、联系饲料，帮助养殖户一步步脱离了困境。

夏季是鱼病高发季节，养殖户为鱼病愁得吃不下饭，他中午顾不得休息，不是在实验室为养殖户研究治疗鱼病，就是背着显微镜在养殖户的池塘上奔波，无偿为养殖户解决鱼病问题。据不完全统计，他每年为乌鲁木齐地区渔场免费提供服务 30 余次，如果是路途较远的地区，他也毫不迟疑，马上赶到现场予以解决。

二、热爱事业，结合实践总结养殖技术和防病治病技术

张占魁虽然没有上过大学，但是他为了养殖事业，买了大量的书籍进行研读。为了提高养殖技术知识和防病治病技能，他先后前往湖北省水产科学研究所等科研院所和知名水产企业考察、学习、培训，把学到的知识及时传授给本单位成员、示范点和周边养殖户。张占魁将新品种介绍、新技术、新经验编写成册，切实解决了养殖户在生产中遇到的困难，提高了生产管理水平，降低了饲料系数，减少了投入成本，提高了产品质量和经济效益。

张占魁在解剖鱼苗进行病理分析

三、破解难题，把新品种的引进与推广作为渔民增收的主要途径

张占魁是一个不服输的人，为了使事业有更大的发展，他开拓创新，不断从国外和其他省份引进新技术和新品种进行培育，克服种种困难，终于使许多名贵鱼种在新疆安家落户，并带动全疆渔业呈现新的发展前景。他是首个在新疆建立新品种斑点叉尾鮰鱼苗推广及商品鱼无公害养殖基地的带头人。新疆养殖梭边鱼的农户越来越多，部分养殖户因购苗渠道不畅，存在鱼苗质量差、数量严重不足的现象。针对这一现状，张占魁决定在乌鲁木齐市米东区建立斑点叉尾鮰繁育基地，从湖北省嘉鱼县国家级斑点叉尾鮰良种场和中国科学院水生生物研究所育种基地用渔用专用汽车，运程4 200 千米，历时 50 小时 40 分钟，运回 5 龄成熟斑点叉尾鮰种鱼 700 尾，性成熟异育银鲫"中科 5 号"种鱼 5 000 尾均繁育成功。

四、服务产业，推动渔业新技术推广和健康养殖示范

张占魁从事鱼类引进、繁育、培育推广工作 20 余年，先后引进、繁育推广了十余种鱼类新品种，其中斑点叉尾鮰等鱼种的繁育推广填补了新疆鱼类苗种繁育的空白。先后累计推广各类鱼苗 10 亿余尾，推广水面达50 余万亩，辐射到 12 个地州市。他的人格魅力感动着身边的人，只要是他走过的地方，洒下的是智慧和汗水，收获的是硕果和感动。

服务成效评价

张占魁专注于从事家乡渔业技术推广服务和健康养殖示范工作，不断探索先进技术，积累了丰富的经验，同时全心全意地为广大渔民群众服务，给他们带来了福祉与收获，也为推动乌鲁木齐地区及南北疆部分县市的水产养殖业纵深发展做出了一定贡献。

乡间创业引路人　大棚开出致富花

——记乌鲁木齐市乌鲁木齐县科技特派员杨建龙

■ 个人简介

杨建龙，中共党员，乌鲁木齐市乌鲁木齐县杨建龙种植销售农民专业合作社理事长，农牧民高级技师。主要从事科学种植蔬菜花卉技术推广工作，先后获得县级荣誉称号 9 项。

一、积极学习，积累技术知识，提高服务能力

杨建龙针对农户文化水平较低，市场价值规律掌握不到位，跟风种植、不善管理、效益产出低、技术隐患大等多种制约农户致富的问题，放下自家的农活，走上了艰辛的学习之路，暗下决心要为农户蹚出一条科学致富路。他先后多次到山东、内蒙古、天津、海南等地交流学习，并成功引进市场需要的特大牛角王辣椒、新世纪黄瓜、水果型黄瓜、圣女果、包心生菜和高山娃娃菜等十几个产量高、品质优的蔬菜品种。

为了让农户放心，提高农户种植积极性，他先在自家温室试种成功后才积极向周边农户进行宣传和推广，最终使 40 多户农民实现了增收。在农闲之时，还积极配合县、市蔬菜研究所、农技推广站进行林果新品种试点种植，拓展种植领域，先后引进夏黑、红布纳多、玫瑰香等十个秋延晚葡萄新品种在当地进行试种并获得成功。

杨建龙（左一）在向花卉种植户讲解田间管理技术

二、勇于探索，创新求变，让鲜花在大棚里生根发芽

在杨建龙的带领下，经过多年努力，全村村民纷纷走上了致富之路，但随着市场竞争日益激烈，农户的收入始终没有较大的突破。他开始思索寻找新的收入增长点。在新疆农业大学参加培训期间，他接触并学习到了花卉种植技术。经过查阅花卉书籍，开展市场调研分析，在前期大量工作的基础上，他在自己的蔬菜大棚里试种花卉大获成功，当年收入10万元。

他常说一个人富不算富，让身边的农民兄弟姐妹共同致富才是他真正的理想。他再次带头成立了蔬菜花卉种植销售农民专业合作社，从购买花种到播种分苗，再到产品销售，他手把手传授花卉种植技术。跑市场，找销路，同各种渠道、单位签订花卉销售合同他也是亲力亲为。在他的带动和帮助下，村民不但能得到农资和种植技术上的帮助，在产品销售上也更加有保障，收入有了显著提高。

三、深耕细作，精益求精，让科技致富意识扎根农户心中

通过深入走访调研，杨建龙发现当地农业科技应用能力普遍还不高，只有开展常态化技术培训，不断提高农业技术转化成果，才可能增加农民科技应用能力及收入。

为了更直观、更有针对性开展技术指导，他制订入户培训计划，通过一户一户走访，面对面交流，现场讲解最新政策，及时宣传反馈市场供给信息，着力提高农户掌握政策理论和市场规律的水平，从技术帮扶到思想帮扶。合作社与 20 户种植户开展了结对计划，开展精准技术帮扶，平均每年开展种植技术服务和培训 10 余次，培训人员超过 50 余人次，提升农户对科技新技术、新成果的接受度和应用能力，以及抗击市场竞争风险的能力。

服务成效评价

杨建龙作为一名共产党员，扎根基层农业科研和农技推广一线 20 余年，常年在条件艰苦的农业基层，在外地的田间，在农户家的地头，艰苦创业、无私奉献，凭着攻坚克难和勇于创新的勇气和魄力，以及在农户心中树立的好口碑得到了大家的认可，带领村民社员科学种植蔬菜花卉，为民蹚出一条实实在在的致富路。

合作社规范奶业发展　科学养殖助增收

——记塔城地区额敏县科技特派员刘月娥

■ 个人简介

　　刘月娥，中共党员，塔城地区额敏县民合奶牛养殖专业合作社理事长，主要从事奶牛良种繁育和养殖。2016 年荣获"塔城地区劳动模范"荣誉称号和额敏县"劳动模范"称号，2019 年荣获额敏县"优秀创业女性"荣誉称号，2020 年荣获"自治区劳动模范"荣誉称号。

一、开展调查研究，依托项目落实帮扶措施

　　额敏县玛热勒苏镇塔斯吾特开勒村和玉什哈拉苏镇中两个村队及额玛勒郭楞蒙古乡，境内山地多，农田和草场分布较广且分散，自然环境恶劣，种养业投入产出效率低、经济效益不高。由于这些村少数民族居多、经济基础差、底子薄，农民世代从牧，思想固化，市场竞争意识淡薄，无论是发展农业还是畜牧业，难度都很大。

　　刘月娥深入开展调研，结合本地产业发展特点决定采用生产母牛养殖项目帮助村民增收。她召集 7 家养殖大户共同出资，注册成立了额敏县民合奶牛养殖合作社。2016 年，她组织发放生产母牛 259 头，每户发放 1 头，并将发放奶牛的家庭纳入额敏县民合奶牛养殖专业合作社，回收牛奶，解决养殖户后顾之忧，增加养殖户的收入。通过生产母牛养殖项目的帮扶，养殖户户均年增加收入 4 000 元以上，同时有效解决了就业问题。随着规模的不断壮大，合作社给农户提供了更多的就业机会，截至 2021 年 12 月，

鲜奶收购站招聘了 2 名低收入社员，合作社养殖大户招聘 23 名低收入家庭成员，合作社奶制品加工车间招聘了 3 名富余劳动力，累计为 74 人提供就业，其中少数民族占 90%。通过母牛养殖项目，合作社实现了 259 户低收入家庭年均收入增加 4 000 元以上。

刘月娥在查看青贮饲料发酵情况

二、坚持标本兼治，用技术传导激活养殖户内在创新动力

授人以鱼，不如授人以渔。刘月娥针对群众存在的"等、靠、要"等思想观念，她带领社员深入开展了"解放思想，艰苦创业"宣讲活动，与群众面对面谈心，手把手教授，寻找致富门路，宣讲新观念、新思路，有针对性解决思想观念上的问题，先后派奶牛养殖专家对村民进行了科技培训，不断提高村民致富的意愿。她在村内树立了致富典型，请养殖大户介绍致富经验和创业历程，充分发挥大户示范带头作用，推广致富经验，使养殖户开阔了视野，增强了自立意识和致富信心，激活了他们的内生动力。

三、以合作社为抓手，推行统一化规范生产促进奶产业发展

合作社采用五个集中："集中培训、集中收购、集中出售、集中良种、集中饲养"，大大加强了社员的饲养质量、鲜奶质量、品种质量，并提高了收入，在培训中社员相互学习、取长补短、互相帮助，实现了真正的科学饲养。

在刘月娥的带领下，合作社以维护奶农的利益、促进额敏县奶业健康持续发展为己任，做了大量卓有成效的工作，得到了县乡各级领导和广大奶农的一致认可。合作社以分散养殖、集中销售、统一服务，以大户带动小户，以点带面的形式发展，改变了以往额敏县散、乱、杂的养殖状态，解决了随意养收益不高，随意压价养殖户积极性不高，品种杂经济效益低的问题。合作社注册了"月娥"牌奶制品、风干肉等产品，并将产品推向市场。

合作社通过建立奶站，一边自己养殖奶牛产奶，一边吸收合作社社员，通过社员养殖奶牛，统一收购鲜奶，最大范围内保证合作社社员的效益。在饲养方面，饲养配方、饲养用料由合作社统一购买、发放。通过引进良种，提高了经济效益，有效带动了周边农牧民的积极性。

2021 年，合作社建立了专门的培训机构，聘请专业老师每月开展培训，内容主要为：牛舍的建设、科学饲养的方式、科学的饲料、优良的奶牛品种、奶牛疾病的预防和治疗方法等。

服务成效评价

刘月娥自开展科技服务以来，不断强化帮扶意识，健全工作机制，拓宽帮扶思路，落实帮扶项目，解决农村实际困难，有效地增加了农民收入，有力地改善了村集体经济。

争当科技兴农先锋　推广农业种植技术

——记塔城地区塔城市科技特派员白玉彪

■ 个人简介

白玉彪，中共党员，塔城市丰穗综合专业合作社理事长，已研究形成一套符合现有土地的种植技术和管理技术，带领当地农民，从选种到有机肥耕种，到农田精细化管理，学习先进的农业科学知识，做到改良土壤，科学管理，增产增收。

一、不忘初心，用创新发展理念带动农民增收

作为一名共产党员，白玉彪把每一个社员家里的困难都放在他心上，社员家里有困难他都毫不犹豫伸出援助之手。通过运营合作社，借助"农民大学生面授暨社会实践场地""新型职业农民培训跟踪服务点""农民田间学校（玉米）"等多种优势条件，制订培训计划，通过"引进来和走出去"相结合的方式，开展田间课堂实践、粮油技术分享交流会、产业扶贫经验座谈会等活动。他通过组织培训学习，示范带动和典型示范，开展产前、产中、产后一体化服务，业务覆盖了技术培训，新品种引进，销售、服务，形成了农资经销、农作物种植、农机服务、代烘代储代销、技术咨询等一体化的经营模式。

他积极强化合作社社员的技术力量，多次邀请塔城市农业技术推广站人员进行技术讲座，帮助社员掌握科学的种植方法，加强病虫害预测和防治，帮助农户种植玉米增产增收，引导和大力发展高科技种植，合理施肥。他经

常根据农作物种植管理的各关键环节及时召开现场会，观摩会，解决种植和管理中的问题，现场为种植户示范、指导、服务。他引进适宜本地发展的优良农作物品种，并在种植较多的村组织召开现场会，亲自指导，对种植较少的村，则另派包片员逐户指导、传授，把先进技术传授给农户。

白玉彪（左一）向种植户讲解玉米田间管理技术

二、深入田间地头，针对实际问题开展科学研究

白玉彪为合作社社员在耕地、整地、播种、滴灌、保险、秋收等玉米种植所有环节先期垫付机械费用和种子、农药、肥料等农资费用，实现了社员种植玉米零投入、低风险、高回报，极大调动了社员种植玉米的积极性。

在玉米种植过程中，为了解决土壤板结的问题，他在最炎热的天气去田间地头观察，最后发现导致土壤板结的原因。针对土壤的不良质地和结构，他采取相应的物理、生物措施，减少肥料的使用，增加有机肥的使用，改善土壤性状、结构，提高土壤肥力，提高作物质量、产量。对于贫瘠黏重土壤，他采取重施有机肥料；对于低洼盐碱地，他除了增施有机肥料，还通过平整土地、土壤培肥、种植耐碱作物与绿色肥料等农业生物措施达到改良土壤、提高肥力的目标。通过以上措施，解决了大部分土壤板结问题，提高了种子的出芽率，增加了玉米亩产量，为农民增收提供了保障。

三、组建服务队伍，促进玉米产业生态环境良性循环

白玉彪以玉米等农作物为核心，实施"服务一条龙"工程，斥资修建玉米烘干线、烘干塔、仓库，同时组建农机服务队伍。他凭借多年的经验，在实践中不断发现问题并解决问题，改进烘干塔内部结构，防止出现玉米受热死角及受热不均导致的焦化问题，结合温湿度传感器的设置，增强烘干塔多部件的自动化联控能力，并成功申请了"一种玉米烘干自动控制系统"专利。

为了进一步推动高标准农田推广工作，他已向乡、市、地区申请 1 万亩农田改造计划，推动高标准农田的服务，现已和有机肥厂家签订了合同，力争 3 年内改变土壤成分，提高有机含量，有效提高土壤肥力，促进农业生态环境良性循环。为提高种植效益，合作社与 320 家农户签订了 1.6 万亩玉米种植包产服务，由合作社统一投入种植成本，包括耕地、整地、播种等农机服务和所有农资，还提供水电费资金，所有垫付成本不收一分利息，成本在秋收交粮时结算。农户种地不用贷款，省了贷款利息，统一采购农资也在保证质量的情况下低于市场价 10%，为农户节约种地成本。

服务成效评价

白玉彪心系农业种植事业，扎实工作，无私奉献，充分发挥自身优势，不仅要经营好合作社，还与农民分享农资经销、农作物种植、农机服务、代烘代储代销、技术咨询等方面经验，更要践行新理念、推广新技术、展现新科研成果，用科技服务更多的农户，帮助他们享受科技发展的成果，并培养了一批技术型职业农民，走出一条以科技创新、科技示范推广与精准扶贫相结合的发展新路子，在新时代下，争当"科技兴农先锋"的新农民。

蹚出一条科技兴农的光明大道

——记克拉玛依市克拉玛依区科技特派员杨育霞

■ 个人简介

杨育霞，毕业于西北农林科技大学，克拉玛依市富民农工商实业总公司技术人员，克拉玛依市科技局委任克拉玛依市小拐乡科技特派员。2022年被评为自治区优秀科技特派员，并获2022年自治区巾帼示范基地带头人等荣誉。

一、发挥专业优势，用科学种植为产业赋能

西北农林科技大学农学专业出身的杨育霞被任命为科技特派员后，在乡村振兴计划的致富发展与特色农业创新开拓中，一直充当着领头雁的角色，她将自己的所学所长与科学理论结合于实践，根据当地气候特征与土壤状况，不断摸索创新栽培模式，发明"秋种春收，一年两茬"的种植模式，实现了耕地的高效利用。

杨育霞与大学、科研院所建立科技成果转移转化机制，聘请农业专家做技术指导，将洋甘菊的种植、加工、销售及观光休闲集于一体，带动小拐乡乡村旅游向高品质的芳香康养之旅发展，引导当地农牧民走上乡村休闲旅游的致富路。

每年的五月，在小拐乡芳香植物园中，杨育霞都会带领团队对参与采摘加工的农牧民进行现场培训。工人熟练掌握洋甘菊茶的采摘、烘干，每天近百人参与劳动，场景甚是壮观。她为小拐乡本地农特产品穿上嫁衣，使其摇身一变成为"克拉玛依礼物"，如庭院蔬菜、驼奶粉、洋甘菊茶、精

油、面膜、面霜等系列产品，代表着克拉玛依形象，走出农村、走进城市、走向全国。农产品的品牌化，省去了农户从种植、养殖源头到销售渠道的所有麻烦，一站式的贴心帮扶，让不少村牧民对这位特派员竖起了大拇指。

杨育霞（右一）向种植户讲解洋甘菊种植技术

在数年的工作积淀中，她深知科技在农业农村发展中的重要作用，通过企业带动，致力科技兴农，她蹚出了小拐乡特色农产品的一条光明通途。

二、拓宽产业发展路径，用休闲旅游开辟致富新道路

小拐乡具有"中国少数民族特色村寨""自治区级乡村旅游重点村"等荣誉称号，是克拉玛依唯一一个农牧业乡。因地制宜发展乡村休闲旅游是农牧民增收致富的一条新路。

杨育霞全面调研了小拐乡的发展情况与前景，结合当地乡村振兴产业发展状况，她决定在休闲观光农业方面不断培养农牧民产业人才队伍，着力开展乡村特色种植业＋旅游的模式，进一步带动和培训当地农牧民参与到休闲农业发展和特色农产品开发之中。

致富发展的道路并非一片坦途，前行过程中饱含辛酸与曲折。谈及旅游业初始发展时，她不无感慨，在乡村休闲旅游的发展过程中，不少村民

一开始会对游客产生抵触情绪。原因在于，不少游客随着"乡村游"的宣传，走到了田间地头，由于零散的人流无法在村民家进行有效引导，经常会出现游客误踩花草与果蔬秧苗的情况。杨育霞意识到这个问题后，不断组织村民培训，耐心细致地讲解如何进行客流疏导、如何进行有效采摘、如何在庭院中现场销售的同时还能有效保护好秧苗。除此之外，杨育霞也开始注重对农户们的礼仪培训，教授他们如何进行有效沟通，为旅游工作的开展提供了更好保障。

两年的实践经验，让村民们对旅游的态度有了质的转变。经过不断地熏陶，村民的思想正在潜移默化地发生着改变。如今，已经有村民主动在村口迎接旅游大巴车，积极向游客宣传自己家的瓜果蔬菜和农家乐。慢慢地，小拐乡的乡村旅游赢得了越来越多的好口碑。

三、不懈努力，用真情默默奉献助力乡村振兴

杨育霞自从 2013 年扎根小拐乡工作，近十年如一日地坚守，厚积薄发，为小拐乡的乡村振兴事业挥洒青春与汗水。通过不懈的努力，先进的农业科技成果和现代农业生产理念在小拐乡扎下根来，许多村民接受了帮助，慢慢从"等、靠、要"转变为了"产业兴农"，科技特派员为农牧民增收、乡村致富、农业发展发挥了重要作用。

如今，克拉玛依市小拐乡掀起"乡村游"热潮，离不开无数个像杨育霞这样默默无闻在幕后奉献的无名英雄，他们为乡村振兴带来了实质提升，也让科学理论走入田间地垄，并逐渐在西北边陲散发出独特的光彩。

服务成效评价

杨育霞担任科技特派员期间，主动了解小拐乡生产的各项情况和发展规划，结合先进的农业科技成果和现代农业生产理念，为当地农牧民提供全面的种植、养殖技术培训，深入田间地头和庭院村舍，查看作物生长情况、农畜产品销售情况和农家乐服务质量，与农牧民建立长效链接机制，推动农村科技创新创业向纵深发展。

专注信息技术创新 助力畜牧业发展

——记克拉玛依市科技特派员陶涛

■ 个人简介

陶涛，新疆七色花信息科技有限公司副总经理，负责畜牧业信息化应用软件开发及管理工作。先后主持和参与科技项目 5 项，获得发明专利授权 1 件、实用新型专利授权 3 件、软件著作权登记 31 项。

一、注重技术创新，加快新疆畜牧业信息化进程

陶涛主要负责公司各类畜牧业信息化软件在新疆各地州的技术推广，通过深入基层调研，了解系统软件在使用过程中遇到的困难和存在的漏洞及需要改进的地方，主动与农牧民展开交流，并结合当地畜牧养殖现状，向其推广相关信息、优惠政策，讲解后期投入使用新系统的重要意义。通过政策推动、利益驱动、示范带动等措施，为农牧民传经送宝。

陶涛研发的业务系统能够准确掌握畜禽存栏和动物防疫工作数据，显著提高防疫员工作效率，为动物产地检疫提供了数据依据。该系统 2016 年在克拉玛依市白碱滩区首次试点成功，随即在克拉玛依市及四个区实施应用。通过无纸化防疫系统在克拉玛依市多年的示范应用及经验积累，2020 年在新疆成功应用，并在电子出证系统的应用基础上搭建了畜牧兽医大数据平台，大幅加快了新疆畜牧业信息化进程，使新疆畜牧业真正进入了大数据发展时代。

二、对症下药，面向基层需求提供信息化服务

陶涛认为任何事情都要从小事情做起，搞科学研究亦是如此，要到基层了解问题和需求，在后期新系统研发过程中"对症下药"。陶涛根据克拉玛依区畜牧业产业结构特点尽量选派在畜牧兽医学等方面具有优势项目和优质技术的人才。陶涛坚持统筹联动，"一技多用"开展面向基层的形式多样的技术培训，手把手教养殖户饲养管理要点及疾病防控措施；开展跟踪服务，利用畜牧业专业化应用软件，为养殖户提供各项信息服务。

陶涛（右二）在开展无纸化防疫系统技术讲解与培训

陶涛大部分时间奔走在基层，风里来雨里去，跑遍了全疆各个乡镇村庄，尽管又苦又累，但看到群众富了，家乡美了，他感到非常欣慰。为了家乡的畜牧业持续更好地发展生存，为了农牧民的增收幸福，为了他热爱的科技事业，他始终奉献着他的智慧、他的青春。

三、亲力亲为，深入开展基层防疫员培训和相关技术服务

陶涛一直致力于新疆畜牧业发展的研究、示范和推广，对当前畜牧业信息化需求进行实地调研，成功开发了无纸化防疫系统、种畜禽管理系统、

动物检疫电子出证系统、畜产品质量追溯系统、新疆畜牧兽医大数据平台等应用软件系统。无纸化防疫系统成功投入应用后，他多次下基层亲自开展基层防疫员培训和相关技术服务，大幅减轻防疫员和畜牧兽医管理人员信息采集和统计工作量，提高工作效率，规范动物防疫管理，保障动物产品安全，最终使农牧民受益，为当地农牧民收入持续增长打下了坚实基础。

他吃苦耐劳，勤于思考，敢想敢为，不断拓宽服务领域，创新服务方式，提升服务质量，以群众利益为出发点，为更多基层防疫人员和官方兽医提供了很多信息和技术服务，通过他现场讲解、亲自示范、入户面授、集中培训等形式多样的培训，农牧民在最短的时间内学习掌握了新系统的技术运用。新技术的使用，不仅为当地防疫员和畜牧兽医相关管理部门人员提供方便高效的工作模式，更为当地农牧民收入持续增长打下了坚实基础。他为当地畜牧业增效、农牧民增收出谋划策，把自己所研发的技术和成功的经验转化成生产力，造福当地群众。他直接参与下乡镇（村）举办技术培训班 30 场次，培训基层防疫员、养殖户达 3 000 余人次，为科学技术的普及打下了坚实的基础。

服务成效评价

陶涛工作严谨，认真负责，锐意进取，表现出色，对新疆畜牧业发展开展研究，积极组织培训辅导，为克拉玛依市畜牧技术普及做出了巨大贡献。

一位农民企业家在畜牧业的科技创业路

——记伊犁哈萨克自治州伊宁县科技特派员朱廷新

■ 个人简介

朱廷新，中共党员，成立伊宁县墩麻扎镇伊新牛羊养殖农民专业合作社，新疆托乎拉苏牧业有限公司总经理。主要从事牛羊养殖及牲畜流通，牛羊屠宰加工及冷链物流。先后荣获伊犁哈萨克自治州"乡土专家""2011年度十佳科技特派员""2019年度优秀科技特派员"等荣誉称号。

一、为民办事，为养殖户提供现代化养殖技术指导

朱廷新作为一名伊宁县选派的科技特派员，同时也是伊宁县一家畜牧业龙头企业负责人，几十年来始终与农民为伍，为农民办事，组织设立农民专业合作社，同发展，共进步，逐步使企业成长为当地畜牧业优秀龙头企业。他表示将一直致力于肉牛肉羊产业的发展，打造全产业利益共同体，把新疆优质的生态牛羊肉产品推向全国，共筑百年品牌，助力乡村振兴，成为新疆特色畜牧业的领军企业。

他围绕肉牛肉羊提质增效，大力发展订单畜牧业，解决企业高标准牛羊短缺问题，提升养殖户发展高水平畜牧业的信心。他经常行走于养殖户的圈舍间，练就了通过观察肉牛粪便分析牛饲料消化情况的本事，看到一头牛一直舔嘴就能知道其缺什么维生素。他每走访一家，就会向养殖户讲解怎样注意牛厩的卫生、光照，尽量让牛多在阳光下运动，以及一些最基本的饲养和治疗方法，通过讲解如何从牛的体型看出牛身体里的疾病，如

何从牛的采食状况和精神状态判断牛只健康状态等。

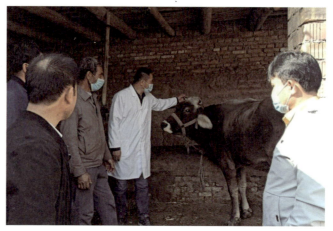

朱廷新（中）向养殖户讲解肉牛疾病控制与预防技术

二、推广标准化养殖技术，围绕"四良一规范"开展集中培训

为推广标准化养殖技术，朱廷新在伊宁县胡地亚于孜镇奥尔曼村建成了肉牛规模化标准化养殖示范基地。该基地采取种养结合、农牧循环的养殖方式，实现了肉牛育肥全程机械化作业、"粮改饲"青贮玉米应用推广、粪污无害化处理资源化利用还田、新疆褐牛生产"高档雪花牛肉"育肥养殖技术研究与应用，每年可出栏优质肉牛 3 000 头。肉牛养殖水平日增重达到 1 300～1 600 克，远高于区域内同行业水平。

他助力伊宁县完成良种牛——西门塔尔牛的引进任务，严格进行母牛生殖能力鉴定、口蹄疫免疫、布鲁氏菌病结核病监测、上商业保险、埋植个体标识芯片等工作，隔离期满后进行口蹄疫疫苗加强免疫、牛结节性皮肤病免疫，实现全程可追溯，同时提供全程技术培训服务。截至目前已引进西门塔尔良种母牛 1 072 头。

他累计完成对肉牛养殖户技术培训指导超 1 000 人次，驻村技术指导120 余次，入户指导 350 余次，并为上万户养殖户解决肉牛和架子牛的市场销售问题，使服务区域内肉牛肉羊的养殖水平显著提升，新技术新品种培育及应用推广显著高于其他县市，农牧民增收效果显著，每头牛增收1 500元以上。

三、加大"产学研用"合作力度，不断提升技术服务水平

朱廷新与新疆畜牧科学院畜牧研究所、合肥隆舞饲料科技有限公司、升辉新材料股份有限公司、伊犁州畜牧研究所合作开展牛羊肉加工技术集成升级项目，拟开发牛羊肉分割系列产品50余项，延伸产业链，打造特色品牌，提升产品附加值10%以上，满足市场多样化需求，引领伊宁县牛羊肉加工产业升级，提升畜产品加工层次水平，助力乡村产业振兴。为解决冷链肉类包装问题，他引进国内最新的肉类包装膜专利技术成果产品，研究开发牛羊肉产品包装新工艺，使产品包装达到国内先进水平，速冻冷藏产品包装破损率从8%控制在3%以内，鲜肉产品货架期从3天延长到28天。他主持的新疆褐牛生产"高档雪花牛肉"技术研究，解决了新疆褐牛无法生产出高档优质"雪花牛肉"的技术难题，使雪花等级可以达到A2级，牛肉品质、肉质风味、脂肪颜色及口感均有很大提升，提质增效显著。

2020年他成立了肉牛产业链研究工作室，以工作室为载体，汇聚优秀专家人才力量，研究适应当地推广的肉牛高效养殖模式、高档肉牛育肥技术及牛肉精深加工技术，以点带面形成集人才培训、交流推广、科研攻关和服务发展于一体的"专家＋团队"人才培育平台。下一步将扩大服务范围，从伊宁县拓展至周边各县市，充分发挥科技特派员和龙头企业负责人的责任与担当，打造全产业利益共同体，帮助越来越多的养殖户实现提质增效增收。

服务成效评价

朱廷新坚持把创新作为引领产业发展的第一动力，通过肉牛高效规模化养殖、青黄储秸秆饲料制作试点示范推广、品种改良、新疆褐牛肉质提升生产高档雪花牛肉技术研发与应用、牛羊肉加工技术集成等，为伊宁县乃至伊犁哈萨克自治州现代畜牧业高质量发展和健康可持续发展做出了突出贡献。

无论走多远　都不忘初心

——记伊犁哈萨克自治州伊宁市科技特派员彭昌金

■ 个人简介

彭昌金，中共党员，伊宁市昌潘蔬菜种植专业合作社理事长，市级党代表、镇级人大代表。主要从事大棚及陆地蔬菜种植技术推广。先后荣获 7 项自治区级、州级、市级荣誉称号。

一、探索新农业种植方式，做勤劳致富的带头人

彭昌金运用"头年秋天铺地膜"的方法试种了莲花白、西兰花、花菜、紫甘蓝等耐寒蔬菜，村民通过学习先进技术，此次种植一举成功，蔬菜提早 20 天左右上市，亩产收益相较于传统种植翻了近 10 倍。在他的带领下，更多的村民开始跟随他种植蔬菜，共同勤劳致富，经济效益不断提高，亩收入达万元以上。他吸纳愿意种菜的群众进合作社，手把手教、面对面讲。彭昌金自己富裕起来后，也带动了其他村民致富，成为致富的农民典型，并且他的蔬菜提早上市的种植技术也在全州进行推广。在彭昌金的带动下，翁梅如、彭昌国、阿不力肯、沙木萨克、热依木江、玛合木提等一批村民逐步发展成为种植养殖大户，年收入达到二三十万元。

作为合作社理事长，他深切地意识到了身上的责任和使命，为了合作社的发展终日操劳奔波，致力于合作社的生产与管理，为市民提供绿色蔬菜。在工作中他总是优先考虑社员，努力实现社员利益最大化。同时他还多次参加州、市举办的各类技能培训班，前往山东、江苏等发达地区参观

学习，他还带领合作社社员和村民外出学习大棚及陆地蔬菜种植技术，不断优化品种，提高产品质量。合作社不仅解决了不少村民的就业问题，还培养了一批蔬菜种植及致富能手。

彭昌金（右一）在向困难家庭免费提供优质菜苗

二、主动服务身边的各族群众，做民族团结的带头人

起初，很多农民不相信种菜能致富，依旧愿意守着几亩薄田种玉米、小麦等农作物，蔬菜种植的推广困难重重。彭昌金认为自己作为一名农民党员，有责任做好蔬菜种植的率先示范，有义务带领村民走上发家致富奔小康的路。为了让农民转变观念，一次次前往农民家里动员，发动他们大胆尝试种植蔬菜。在党员大会上，他一边分享自己的收获，一边劝说村民种植反季蔬菜共同脱贫致富。他在自家蔬菜大棚里为村民们现场举办最新成果观摩会，给大家吃下一颗技术上的"定心丸"。很快，在他的动员下，不少群众加入了种植蔬菜的行列。

在他的合作社里，大多数人员每年的平均纯收入可达1万余元。他不仅帮助周边的村民，还将自己的帮扶范围扩大到更多的地方，无偿为周边乡镇农民提供菜苗 120 万株，涉及资金 60 万元；为伊宁市种植大户、致富带头人和困难群众免费提供优质菜苗共计 32 万株，价值 20 万元。

三、组织村民到市区进行绿化建设，做拓宽发展道路的带头人

为了让合作社发展壮大，彭昌金通过多方了解发现，因城市建设需要，园林绿化建设需要大量从业人员，为了让更多的农民都有事可做，有钱可挣，有一个积极生活的好心态，合作社与相关部门签订劳务协议，在农闲时，组织成员和部分村民到市区进行绿化建设，再挣一份打工收入。他利用合作社将零散种植整合起来，形成了 300 余亩的连片式特色蔬菜种植，并发展下潘津村种植特色蔬菜 1 000 多亩，统一管理、统一销售，形成了从培育到销售的一条龙经营模式。为了让村民的收入更稳定、效益更显著，闲不住的彭昌金又琢磨如何让村民从原来的零散型向集约型发展，从"独角戏"向"大合唱"迈进。为了让市民的菜篮子更加丰富，合作社引进了多个新品种草莓试种，试验获得成功后，开始规模种植冬季和夏季草莓，并把草莓基地打造成观光采摘园，取得了良好的经济效益。有付出，就有收获，多年的勤奋和付出，使他种植的无公害蔬菜和 30 亩绿色草莓成为有口皆碑的样板，他也常常作为致富带头人被媒体报道。

服务成效评价

彭昌金是带领乡亲们勤劳致富的带头人，是践行民族团结一家亲的带头人，是拓宽发展道路的带头人。他无愧于共产党员的光荣称号，真诚而朴实地用自己的实际行动践行着一个共产党人的初心，他是新时代农民党员的典范，他的先进事迹值得我们学习和弘扬。

执着科技创新　促进产业发展

——昌吉回族自治州昌吉市科技特派员杨万祯

■ 个人简介

　　杨万祯，昌吉市天山剑果蔬专业合作社理事长，昌吉市沙漠客食品有限责任公司总经理。2018 年被聘为科技特派员，主要从事新疆干果加工和电商销售与指导。获得实用新型专利授权 10 件，注册的"沙漠客""疆小萃"等各类商标 10 多件。

一、建立经济组织，开展技术培训，面向种植户推广科学种植技术

　　杨万祯精通林果产品加工技术，具有丰富的电商运营管理经验，善于创新，且勇于承担风险，带领员工不断开拓进取。他通过实地走访林果种植户，考察消费市场，采用科学化种植，提升林果产品质量，培育林果干果制品新产品 20 多种，不但提高了合作社的经济效益，还为当地林果种植户每年带来近 500 万元经济效益。

　　他深刻认识到，技术交流、信息互通，走科学化、规模化、标准化的道路是成功的重要秘诀。通过不断学习有关林果种植、加工、营销等方面的知识，他掌握最新种植加工技术和信息，将传统加工技术与先进科学技术相结合，并采取印发技术资料、集中开展技术培训、现场传授等形式，进行面对面、手把手现场指导。他累计开展科技培训 5 次，培训林果种植人员 30 人次，培训电商创业人员 20 余人，激发和引导了新型农户创业的

积极性和主动性，及时解决了林果种植户现实技术难题。

杨万祯（右一）在查看红枣品质

二、积极开拓市场，履行科技特派员使命，通过科技创新带动林果业发展

　　作为一名科技特派员，杨万祯始终把服务于农村农民作为自己的职责和使命，常年奔波在林果种植加工生产的第一线，以加快科技成果转化、提升科技示范辐射能力为宗旨。为了及时掌握种植加工领域的科技新成果、新技术，有效提升当地林果制品加工水平，他每年 3 月和 9 月都会前往疆外进行技术考察，引进新设备、新技术、新材料用于生产经营。他不定期前往叶城县为服务的合作社提供核桃等林果种植、加工等技术服务，助力拓宽销售渠道，以科技创新更好地带动林果产业发展。

　　他极力将农户的产品通过深加工实现增值销售，在南疆建立了自己稳定的种植基地，确保林果产品的质量，为社会创造了更多的就业岗位。他借助自己采购和参加电商研讨会的契机，为林果户和创业人员进行现场指导服务，在昌吉市及南疆相关县市提供贴近农民生产经营实际的林果产业技术，并结合当地科技下乡活动，开展现场技术指导。

三、真情服务，大胆创新，实现农民增收和产业发展双赢局面

截至 2022 年，杨万祯已在南疆拥有了 3 个稳定的干果供应合作伙伴，每年销售红枣、核桃等达 500 吨，并为疆外客户采购提供优质服务。随着公司知名度的提高，他在和田等地建立了 1 000 亩以上的示范种植基地，通过品牌加工营销，推动了南疆林果种植业的发展，为当地创造就业岗位超过 100 个。为保障林果种植产业的提质增效，杨万祯把工作重点放在了林果深加工和销售渠道的开拓上，不断进行深加工技术试验研究，获得专利授权 10 件，总结出了较为完善的坚果制品加工技术规程，每年推向市场的新产品 3 项以上。

服务成效评价

杨万祯始终把服务农村、农民作为自己的职责和使命，常年奋战在林果种植加工生产的第一线，将当地的新鲜果蔬通过自身的渠道带入市场，解决了生鲜果蔬销售难的问题。他积极在林果种植加工、电商营销、科技服务、技术培训和现场技术指导方面下功夫，积极引导农户转变致富方式，实现科农携手、科农双赢。

勇于进取　做特色农业的领路人

——记昌吉回族自治州奇台县科技特派员卢江

■ **个人简介**

卢江，奇台县康农裕丰农业发展有限公司总经理。主要从事草莓、樱桃、蓝莓等优良品种的种植、引进和推广。曾荣获奇台县第三届中国农民丰收优秀种植大户、奇台县第三届创新创业大赛鼓励奖。

一、发挥优势，创新模式，让农民成为有"技术含量"的新农民

奇台县吉布库镇的老百姓未曾想到，全镇 400 多座闲置的大棚，在一个毛头小伙儿的拼搏下，变成了聚宝盆，大棚草莓创出亩产值超万元的纪录，当地的老百姓与他一样分享着丰收的喜悦。他将农村的需求视为自己的工作追求，心里始终牵挂着家乡，一心想要为家乡的繁荣发展奉献自己的力量，毅然放弃优越的工作生活环境，义无反顾地携妻子、孩子回到家乡，在他人的质疑声中开启了创业之路。

为了提高自身技术水平，他孤身前往北京、山东等地的草莓繁育基地考察学习，并选购优质草莓种苗。根据奇台县当地土壤特性及保护地结构性能，引进草莓优良品种，开展种植比较试验，筛选出最受当地消费者青睐的、适宜本地区种植和观光采摘特点的优良草莓新品种，整合优质丰产栽培技术。

功夫不负有心人，经过 4 年的探索，规模化的草莓种植终于成型。他

共优选出受消费者欢迎的、适宜本地气候和土壤特点的栽培草莓新品种2～3个，并在大棚里进行种植，针对入选草莓新品种的特性和栽培条件、建立科学化、规模化的安全、优质、高效的种植模式。

2016年，他成为奇台县吉布库镇涨坝村的一名科技特派员，在草莓、樱桃种植等方面为当地群众提供了很多信息和技术服务。通过他的讲解、示范和集中培训，当地老百姓在最短的时间内掌握了草莓、樱桃无公害栽培的实用技术。他还培养出一批农民技术员，为当地农民收入的持续增长打下了坚实的基础。

卢江（左）在查看草莓生长情况

二、真心实意，埋头苦干，用真诚带动农民学习科学种植技术

"深不埋芯，浅不露根""白天要给大棚通风"，一聊起草莓种植技术，卢江便滔滔不绝。"很多人对于新技术存有疑虑，大多处于看热闹的状态。"卢江常说："要想改变种植观念，自己得先干出成绩来。"为使村民直观感受新技术带来的变化，他先后引进推广草莓、樱桃新品种10余个，共种植26座大棚，其中樱桃有"美早""福星""福成"3个品种，草莓有"甜查理""章姬""红颜""甜宝"等品种，为农民带来了20多万元的收益。他主动创新产销模式，无偿为当地老百姓解决销售难题。

在吉布库镇建立的草莓种植基地、樱桃示范园已成为当地农业产业的领军者和生产的典范，前来向卢江学习草莓种植技术的人络绎不绝。为了能更好地把理论和实践相结合，他总是深入田间地头帮助种植户解决问题。在草莓生长的关键阶段，他主动到种植户家中查看草莓、樱桃的生产情况，及时解决发现的问题，并提出后期田间管理的建议。

三、践行宗旨，现场辅导，他将农民的需求作为自己的追求

卢江把致富老百姓作为毕生的追求，始终践行"做给老百姓看、带着老百姓干、帮着老百姓销、实现老百姓富"的理念。他引导当地农民学习新技术，掌握新本领。借助各大专院校、科研院所的优势，不断聘请专家教授实地指导，举办专业技术培训班进行现场辅导和专题讨论，把先进的实用技术送到老百姓手中，推广了新品种、新技术，提高了农民的科技文化素质和农业生产水平，同时也增强了农民科技致富能力。为让农民进一步解放思想、提高果品质量，他先后两次组织会员外出考察学习，分别前往山东、大连学习先进经验与技术，免费为老百姓讲授新技术辅导课 100 余场次，受益老百姓 200 余人次。

在他的指导带领下，草莓在吉布库镇种植成功后，被推广至本县的半截沟镇、碧流河镇、西北湾镇小屯村、三分场，以及吉木萨尔县泉子街镇，种植草莓面积达 300 余亩。老百姓的人均年纯收入增加了 4 500 元。

服务成效评价

卢江从 2016 年开始，根据奇台县当地土壤特性及保护地结构性能，在奇台县吉布库镇涨坝村承包温室大棚，引进草莓优良品种，进行种植比较试验，优选出最受当地消费者欢迎、适宜本地区土地种植和观光采摘的优良草莓新品种，建立科学化、规模化的安全、优质、高效的种植模式。为当地培养了一批农民技术员，无偿地为当地老百姓解决销售难题。在吉布库镇建立的草莓种植基地、樱桃示范园已成为吉布库镇农业产业的领头军和生产的典范。

开拓创业建新功　促农增收做贡献

——记昌吉回族自治州木垒哈萨克自治县科技特派员赛开尔·胡山

■ **个人简介**

赛开尔·胡山，木垒哈萨克自治县哈依娜尔手工艺品制造有限公司总经理。主要从事哈萨克民族传统文化的传承与创新，开发具有鲜明地方特色和民族文化的刺绣产品、旅游纪念品、工艺美术品，哈萨克纯天然土皂工艺优化与开发。2010年被聘为科技特派员，先后获得昌吉回族自治州"十大庭州美绣娘"、海峡两岸职工创新成果展金奖、"2014中国原创·百花杯"中国工艺美术精品奖金奖，以及自治区"工艺美术大师"、"昌吉回族自治州第七批拔尖人才"、自治州劳动模范、自治区三八红旗手、全国脱贫攻坚先进个人等荣誉称号。

一、坚守梦想，不断奋斗，用自己的努力创造美好生活

赛开尔·胡山，2010年被聘为科技特派员，到木垒哈萨克自治县大石头乡朱散得村开展科技人员服务工作。为带动当地农牧民增收致富，她不断创新发展思路，带领农牧区广大哈萨克族妇女艰苦创业，创办卫星工厂、扶贫车间，将木垒哈萨克自治县民族特色手工艺品打上"中国制造"的商标销往全世界，她还充分利用当地优势资源，开发哈萨克古法手工皂新产品，受到了广大农牧民的称赞。

为了解决当地富余劳动力就近就地就业问题，发展利用当地资源优势、就业空间较大的产业，她先后组建了哈萨克古法手工皂生产车间和纺织服

装生产车间，积极开展农牧民技能培训，不断提升贫困户智力开发和造血功能。从传统工艺刺绣的开发到工艺品的制作，再到哈萨克香皂的创新，她进行了多门类的培训指导，使广大农牧民、贫困户的传统思想观念得以转变，技能素质等方面都有了很大的提升。她坚持以哈萨克民族传统文化的传承与创新为主线，将传统手工艺品刺绣技艺与现代时尚的设计风格相结合，引进国内先进工艺技术和设备，开发具有鲜明民族文化、地方特色、反映哈萨克等民族文化生活的刺绣产品、旅游纪念品、工艺美术品共达300余种。民族特色工艺品的创新发展，促进了当地少数民族妇女的就业和贫困户的增收，带动了旅游业的快速发展。

赛开尔·胡山（左三）在指导哈萨克古法手工皂加工

二、开展调研，开拓市场，拓展拓宽民族特色产品市场

为扩宽民族特色产品市场，赛开尔·胡山协调组织杰恩斯保等人前往中亚各国市场调研，发现新疆传统的哈萨克纯天然土皂在哈萨克斯坦、吉尔吉斯斯坦等中亚国家特别受欢迎，有较大的市场空间。赛开尔·胡山积极寻找土皂传承人，对土皂生产的原材料、制作方法进行收集整理，经过精心研制，反复试验，产品试制成功并制定了昌吉回族自治州哈萨克特色手工皂企业生产标准。产品注册了"穆乡纯皂""丝路缘"品牌商标，并将50%的产品作为

宣传广告品无偿投放给消费者，产品被木垒哈萨克自治县推荐为国家级扶贫产品目录，为当地创造了 200 个就业岗位，可增加当地劳务收入 130 万元。

三、牢记使命，打造品牌，用技术培训带动农牧民致富

赛开尔·胡山作为一名创业型科技特派员，在大力发展刺绣业的同时，总是无私地将自己掌握的刺绣技术进行推广，在全县开展强化农牧区妇女劳动力素质技能培训，共免费培训刺绣工 1 500 人，带动近 3 000 人从事民族刺绣产业，使哈萨克妇女的生产、生活方式发生了巨大的变化，摆脱了"跟着畜群逐水草，围着灶台烧茶饭"的生活方式，走上了脱贫致富的道路。

她作为哈萨克民族刺绣工艺品设计、创新的技术人才，非常重视企业品牌和企业的信誉度。她注重工艺美术设计，制定产品生产标准，统一产品规格，统一产品包装，用高标准、高质量提高了市场的知名度和竞争力。她带领生产的 11 种刺绣工艺品被上海世博会选用。她研制的 5 类绣品"哈萨克骏马""哈萨克名人肯吉别克""木垒胡杨""沙漠骆驼"等，分别受到全国三个哈萨克自治县民族刺绣作品展示大赛和县人民政府的奖励。为适应市场需求，将传统刺绣向更高层次的创新发展，她设计研制出的"三大类"共 36 种手工艺旅游产品（图玛尔）很受社会关注。

服务成效评价

赛开尔·胡山作为一名创业型科技特派员，在大力发展刺绣业的同时，总是无私地将自己掌握的刺绣技术进行推广，在木垒哈萨克自治县各贫困村强化农牧区妇女劳动力素质技能培训。三年来，共免费培训刺绣工 1 500 余人，这些刺绣工均走上了以刺绣为职业的道路，同时还带动了身边近 3 000 人参加了民族刺绣产业，使哈萨克妇女的生产、生活方式发生了巨大的变化，摆脱了"跟着畜群逐水草，围着灶台烧茶饭"的生活方式，走上了致富的道路。

选育新优品种　助力"杏"福生活

——记昌吉回族自治州阜康市科技特派员杨添慧

■ **个人简介**

杨添慧，阜康市老科学技术工作者协会（简称老科协）杏果业科技示范园负责人。曾荣获州级、县市级荣誉称号 2 项，获得品种权 1 项。

一、求实创新，充分利用现代农业种植技术

2006 年，光荣退休的杨添慧开始了他科技创业历程，面对什么都不能种植的黄土质荒山野岭，他观察思索，勾画行动蓝图，充分利用现代农业种植技术，创造性地改造水土条件。在简陋的生活条件下，风餐露宿，温饱不计，拜访专家，查阅资料，日复一日，年复一年，坚持了十四个春秋。

在他的努力下，昔日的荒山野岭变成了今天的花果山，春天绚丽的杏花花海，夏天满山的杏果累累，吸引乌昌（乌鲁木齐、昌吉）地区的游客纷至沓来。他蹚出了一条乡村绿色生态发展路，成为科研创造、绿色创造美丽乡村的样板，为阜康生态休闲观光采摘游和山地百姓快速致富开辟了一条绿色通道。

他累计投入 180 万元建成了集科研、培训、育苗、保鲜、采摘、观光于一体的老科协杏果科技示范园，拥有 280 米^2 实验办公室用于常年科普培训，400 米^3 保鲜库，3 亩育基地年供杏苗 3 000 多株，15 亩杏园有 26 个品种，其中，用于科研的 14 种，引种的 12 种。亩收入高达 1.5 万元，林下养殖收入 4 万元，总收入超 25 万元。

杨添慧（右一）在讲解优质林果田间管理技术

二、提升品质，结合实际开展科学种植和品种改良

杨添慧梳理出研究的技术难点是亲本组合配对育种、芽变品种的特性固定、选育优秀 F_1 代再近缘杂交筛选下一代，嫁接授粉出优质新品种。

他走遍阜康乡村调查地情，经过千挑万选，最终确定了引进优质杏资源、选择亲本组合、授粉杂交、选择 F_1 代、对比试验、选育优质单株、嫁接繁殖研究的技术节点，开始定试验田、架桥开路、引水上山、跑资金、找良策，早出晚归，苦战百天，试验基地建成。此后，他又马不停蹄，访专家、购杏苗、试验，经过 4 年攻坚，终于成功试种了美国凯特、欧洲金太阳、红杏、桃杏等 12 个品种。

为了让科研成果惠及乡亲，他低价出售优质杏苗，可村民们纳新意识弱，都在等待观望，5 元一株的优质杏苗无人问津。他不气馁，引导村干部和好学的村民，以现场示范、栽植施肥、修剪嫁接的"保姆式"服务，授人以渔，终于发展了一批示范户。村民们见到示范成效，纷纷转变观念，购苗求技，杏苗一株难求。示范园累计向乌鲁木齐市、昌吉、奇台、沙湾、吐鲁番等地销售 5 万株杏苗，可栽植 1 700 多亩。示范园作为景点年接待观光采摘游客达 4 600 余人，带动周边 135 户发展杏果产业，人均年收入 4 200 元；带动林下养禽 23 户，人均年收入 2 800 元。

三、无私奉献传授技术，开展脱毒马铃薯引进试验和示范推广

杨添慧依托示范园现场科普培训 264 场 1 780 人次，发放科普资料 2 360 份，搭建《杏花村—山泉中心村》微信平台，为 180 户果农提供全程科技服务。

杏树科研初见效，他又马不停蹄开展脱毒马铃薯引进试验与示范推广，引种费乌瑞它、荷兰 15 号、青薯 168 等 7 个原种开展试种。随着测土配方标化控、有机硅浸种测环境、定株估产核效益、病虫草害综合防治等难题逐项解决，三年心血把铁杵磨成针，有机绿色高产、抗病虫草害强的脱毒马铃薯试验成功，亩稳产超 2 400 千克，种植户年人均增收 9 000 元。

服务成效评价

杨添慧发扬科技岗位专业特长，在红山湾村进行杏树园林栽培试验，开始了他科技创业的艰难历程，经过十四年的辛勤努力，建成了集科研、培训、育苗、保鲜、采摘、观光为一体的杏果科技示范园，带动周边的村民脱贫致富，是农牧民脱贫致富的引路人。

脚下黏着泥土　心上装着农民

——记哈密市伊州区科技特派员高志华

■ **个人简介**

　　高志华，中共党员，伊州区高志华农业技术人才工作室负责人。主要从事设施农业的温室规划，设计方位的测定以及设施各种作物的栽培管理，露地蔬菜的栽培管理及各种农作物的病虫害防治，中药材的种植田间管理及病虫害防治。先后两次荣获自治区优秀科技特派员，一次荣获哈密地区"十佳"科技特派员荣誉称号，2020年获农业农村部科技教育司评选的"最受欢迎的特聘农技员"。

一、踏实为民，用热爱和深情为沙漠产业发展服务

　　高志华从事农技推广生涯40多年，以为民服务为志向。作为一名农业科技工作者，他把自己的青春和热血奉献给这片希望的田野，默默无闻地奉献，工作兢兢业业。他根据哈密市气候条件及当地现有的药材资源，引进甘草、板蓝根等19个中药材新品种，通过集中和现场培训，累计培训20期，培训560人次，试验示范面积4 000亩，其中黄芪1 200亩、甘草560亩、独活240亩、板蓝根1 000亩。种植中药材不但增加了农民的收入，还改善了当地种植结构，增加了农作物多样性，维护生态平衡，绿化环境与生态重建，生态效益和经济效益都十分显著。在他的努力下，当地农民的种植效益和中药材生产技术水平显著提高，农民的科技意识和科技素质增强，为实现促进农民增收、稳定社会起到积极作用，亩增收300～500元。

高志华（左三）向种植户讲解种植技术

他在保护培育梭梭林的基础上，研究集成梭梭接种肉苁蓉技术，发展人工接种肉苁蓉产业，建立生态－生产－高效的哈密市沙漠产业模式，示范面积 2 000 亩，推广人工接种肉苁蓉种植面积 4 000 亩，实现就业 18 人次，亩收入 1 200 元，当地绿色植被也得以恢复发展，森林覆盖率得到提高，降低风速，遏制地表的风蚀，改善了区域小气候，促进生态良性循环。

二、指导技术，积极促进低收入家庭增收致富

高志华利用农民庭院闲置的土地资源和农村闲散劳力，开展种植试验。他选择 40 户低收入家庭种植蔬菜，为其提供化肥农药，并开展蔬菜栽培管理及病虫害绿色防控技术、果树修剪技术、测土配方施肥技术等培训。通过培训让这些低收入家庭成员掌握科学种植技术，农民收入水平有了明显提升。他协助成立村集体合作组织，为合作组织建言献策，指导农牧民生产，壮大村集体经济，共帮助低收入家庭 111 户，培训农牧民 600 人次，通过建立微信群、电话等方式培训指导农户 900 人次，实现户均增收 1 000 元以上。

三、创造价值，用实际行动推动农业产业结构优化

高志华在传授药材果蔬种植技术的同时，还积极为种植户创造价值，让他们真正感受到科学技术的力量和好处。他引进的甘草亩产值达到 2 275 元、独活亩产值达 2 067 元、黄芪亩产值达 2 204 元，经济效益均高于常规沙生植物。通过科学管理，规模化栽培肉苁蓉平均亩产鲜品 50 千克，每亩总收入 1 200 元。他通过推广特色沙生植物，优化了传统农业产业结构，促进了野生资源保护与合理开发，降低了当地灾害性天气的威胁，绿色植被也得以恢复发展，为哈密荒漠干旱区发展生态起到了示范带动作用。

服务成效评价

高志华作为一名已年逾古稀却依然奔走在各乡村的农业科技推广人员，手把手地教农民种植技术，得到广大农民的一致好评。

嫁接育苗缩农时　做新时代科技传播者

——记吐鲁番市高昌区科技特派员郭从林

■ **个人简介**

郭从林，中共党员，吐鲁番市前政协委员，吐鲁番市润禾有机肥料制造有限公司业务经理。主要研究方向为温室栽培果蔬。通过十几年试验，他研究出更加适合吐鲁番气候的嫁接方法，提高西甜瓜净利润，解决当地农户就业。同时，开发秸秆再利用技术，创办有机育苗基质厂，充分发挥示范引领作用，带动当地的育苗业发展。参加吐鲁番市级日光温室项目2项。

一、兢兢业业，逐步提高了服务"三农"的本领和意识

工作二十多年，郭从林兢兢业业、克己奉公，成为突出的农业科技骨干，不断为建设社会主义新农村、为群众实现致富增收做出应有的贡献。他几十年如一日，始终以一个共产党员的标准严格要求自己，工作中充分发挥共产党员先锋模范作用，为服务"三农"做出了贡献。

看似平常的二十年工作生涯中，郭从林曾无数次经历过基层技术工作者的艰辛和困苦，也经受过常人难以忍受的寂寞和无助。受聘为科技特派员后，他深刻感受到了科技推广工作的责任感和使命感，不断向农业技术人员和农民传授实用技术，在试验点进行技术跟踪服务，在生产节点不定时到示范点进行现场技术指导，同时利用微信和QQ等方式，及时解决大

家在生产过程中遇到的各种瓶颈问题。

2018 年，吐鲁番市遭遇特大风期间，高昌区艾丁湖镇的 800 亩瓜地遭遇大风肆虐。为减少瓜农的损失，他驱车赶往艾丁湖镇，一到瓜地，一行人分头入户调查了解情况，给农户讲解防风知识，让农户明白风灾危害的严重性。由于他敏锐的洞察力和果断的工作作风，一场潜在的风灾消灭在了萌芽中，人民群众的生命财产得到了保护，类似的情况不胜枚举。

郭从林（右一）向葡萄种植户讲解葡萄田间管理技术

二、无私奉献，扎实开展"服务基层 服务农民"实践行动

郭从林带领着 5 名技术员和 3 名党员，紧紧围绕增产增收和支农、惠农政策，积极拓宽农民增收渠道，抓好农村实用技术培训，以提高农民就业本领。他通过科学的方法嫁接育苗，缩短了西甜瓜培育时间，使西甜瓜早熟 10 ～ 20 天。合作社从原来 5 个温室发展到 23 个，每年育西瓜嫁接苗 350 万株，净利润达到 120 万元。他在自家的温室内，对二堡乡、三堡乡农民进行技术培训，参训人数达到 300 人，解决农民工就业 60 多人，人均年

收入增加 500 元。同时，他对三堡乡育苗资金困难农户进行赊销或者先给一部分钱，6 月份再收尾款，为带动当地的育苗发展做出了贡献，同时解决了当地 10 人的就业问题。

三、深入开展调查研究，努力钻研农业科技知识，服务农民群众

为有效促进科研成果与生产实践紧密结合，使科研成果与新技术迅速转化为生产力，服务于广大人民群众，郭从林积极带领技术员们坚持搞好各种作物的调研工作，利用村庄院落和田间地头开展各种科技培训和现场指导，及时解决生产中的问题，日复一日、年复一年，他总觉得手里有做不完的工作和办不完的事。俗话说"金杯银杯不如老百姓的口碑"，他的辛勤工作换来了群众的一致好评和肯定。他不骄不躁，与时俱进，开拓创新，不断提高自身素质，坚持以"贡献、创新、求实、协作"的科学精神和"爱国守法、明礼诚信、团结友善、勤俭自强、敬业奉献"的职业道德规范自己的言行，心系广大农民群众，切实为服务"三农"尽自己的一份绵薄之力。

时光如梭，他二十年如一日，始终战斗在农业农村工作的第一线，不曾请过一天公休假，特别是任科技特派员期间，他更是放弃了所有的节假日，日日奔波在田间地头，白天下田地，晚上开动员会，五天正常工作日外加双休日，终日忙碌，人人都称他具有"白加黑、五加二"的工作精神。每年的农忙与秋收时节，在别人享受"五一"和"十一"假期、游山玩水的时刻，他和同事们却总在田间地头孜孜不倦地开展工作。

服务成效评价

郭从林努力完成科技特派员职责任务，为年轻的科技特派员树起了榜样。在任职期间，他积极推广科学育苗知识，带动周围的农户发家致富，做到每年至少培训农民 150 人，就业 60 人，为乡村振兴贡献了自己的力量。

医术精湛治畜忙　科技普及助发展

——记吐鲁番市托克逊县科技特派员袁彩平

■ **个人简介**

袁彩平，托克逊县徽商生态牧业有限公司总经理。曾获第七届新疆创新创业大赛成长组三等奖、第八届新疆创新创业大赛优秀奖。

一、高超医术救治病畜，为产业发展和牧民增收做出了突出贡献

袁彩平心系托克逊县广大养殖户，多次为托克逊县现代畜牧业的发展出主意、想办法、尽全力。他先后组织实施了自治区科技推广项目，参与科技之冬活动，为托克逊县农牧民宣传养殖、防疫和治疗知识，有力地支持了托克逊县畜牧业的持续、快速、健康发展。

托克逊县羊群误食灭鼠毒饵，发生大批羊中毒事件，袁彩平对病死羊进行尸体剖检后，及时确诊为灭鼠毒饵中毒，果断提出防治措施。为采取病料，有些地方没有路，车去不了，他就徒步寻找，有时为采取一个病料，要在戈壁滩里徒步十余公里。

二、人到病除，真心真意为群众解决实际技术问题

托克逊县上喀拉布拉克村和夏乡 6 户农牧民近千只羊曾发生一种怪病，经县兽医骨干检查后难以确诊，用药治疗无效，陆续有 19 只羊死亡。袁彩

平接到求助后，立即放弃节假日休息，第二天一大早就赶到现场，凭借自己高超的医术，经认真的临床检查和流行病调查，确诊为羊肠毒血症，并及时制订出治疗方案，按他的治疗方案用药后，近千只羊全部病愈。羊肠毒血症属于三类传染病，他结合本次病情又为托克逊县技术人员围绕该病的发生、诊断、治疗等方面上了一堂生动的病理课，使技术人员增长了见识，提高了为养殖户服务的本领。

袁彩平（右一）到养殖合作社查看养殖情况

托克逊县牧民养殖大户帕尔哈提饲养的 53 只受孕母羊突发疾病，死亡4 只，其余的羊也陆续呈发病状态。县兽医技术人员采取各种治疗方法，病情仍在发展，如果得不到及时正确的抢救，羊群有全群死亡的危险。刚从外地出差回来的袁彩平接到求助电话来不及回家，就从乌鲁木齐乘坐出租车迅速赶到发病现场，下车没顾上喝一口水就立即检查、诊断，并制订出三套治疗方案进行抢救，经过几个小时的医治抢救，49 只羊病情得到控制，这时已是下午 6 点多了。经过两天的抢救治疗，病羊全部痊愈，为牧民挽回经济损失达数十万元，得到牧民的好评。

三、精湛医术有传承、依托技术培训培养壮大技术服务队伍

袁彩平为了给农牧民上好课，课前认真准备，没有丝毫马虎之意，为县、乡、村领导和业务技术人员等不同层次的培训对象，分别进行深入浅出的授课。许多深奥的病理，经他讲授，农牧民不知不觉就学会了，弄懂了，学到了不少实用知识，农牧民没有枯燥疲倦的感觉，非常乐意听他讲课。

农牧民有事请教于他，他从不推诿。有时确实不能亲自服务，他也会选派负责任、有实践经验的技术人员到乡村解决实际问题，之后，他要亲自了解外派人员在工作中是否存在问题。他每次到乡村开展服务都要求一切从简，看到他非常劳累，工作人员想尽量将他照顾好一些，在饭菜上准备丰富一些，他严肃认真地讲："我们必须做到'两个务必'，现在农民还不富裕，不能因为讲讲课就搞什么排场，那是不对的，以后我到乡村就吃工作餐，不能奢侈，今后谁要违反原则，我绝不原谅。"

服务成效评价

袁彩平心系托克逊县广大养殖户，经常克服工作忙、路途远等诸多困难，为托克逊县现代畜牧业的发展出主意，想办法，积极参与科技之冬活动，为托克逊县农牧民宣传有关养殖、防疫和治疗知识，有效地保护了托克逊县畜牧业的持续、快速、健康发展，为托克逊县畜牧业经济的增长、牧民收入的增加做出了突出贡献。

用情用心服务　真心实意助力乡村振兴

——记阿克苏地区阿克苏市科技特派员陈林先

■ 个人简介

陈林先，中共党员，2012年创办阿克苏市先行果蔬农民专业合作社，是远近闻名的设施农业"领头雁""土秀才"，多年来始终秉持"自己富不叫富，大家富才叫富"的理念，运用自己刻苦钻研掌握的蔬菜种植技术，帮助各族群众脱贫致富，成为乡村振兴的"引路人"。

一、勇于探索，专注创新，不断攻克技术瓶颈和种植难题

陈林先自1992年起，经过多年的努力和探索，逐渐形成了自己的一套技术方法，并为周边农户提供技术服务，被聘为阿克苏市第一批科技特派员。他深刻认识到自己肩负着以技扶贫、以智兴农的科技特派员的责任和使命，积极钻研蔬菜种植技术，坚持学习，还自费到山东寿光、浙江丽水和辽宁海城等地学习。技术学到后，他并没有敝帚自珍，而是一边实践，一边手把手教跟着自己种植大棚蔬菜的农民，在不断提升自己蔬菜种植水平的同时，也深深体会到了"授人以鱼，不如授人以渔"的道理，他在开展科技特派员工作当中实现了自己的人生价值。

从2005年起，陈林先每年都要引进一批新品种蔬菜，先在自己地里做对比试验，成功后再大面积推广应用。村里种菜的人家越来越多，但育苗环节还是容易出问题。总有人找他帮着育苗，他索性开展了育苗试验，让

大家不出村就能买到可靠的好苗子。他先后引进了70余个蔬菜新品种及苗木嫁接，以及膜下滴灌、疏花疏果等十几项新技术，拓宽了农民种植需求。其中苗木嫁接技术使菜农亩增收达3 000元；膜下滴灌技术可提高亩产20%；使用防虫网可降低农药用量20%；他还设计了适应阿克苏当地气候的"下挖式连栋温室"。

陈林先（右一）向种植户讲解蔬菜种植技术

二、服务到位，言传身教，为群众提供技术培训和服务

2012年7月，陈林先创办了先行果蔬农民专业合作社，十年来实现了年培育优质蔬菜种苗600万株以上，年服务农户500余户，年均吸纳80余人就业，每年开展蔬菜种植技术培训班80多场，辐射带动发展蔬菜种植农户320余户，指导新建温室800余座，年产各类蔬菜1 800吨，销售收入达到5 000万元。

陈林先在阿合奇县进行育苗技术指导，授课培训 200 人次，为阿克苏职业技术学院学生讲解蔬菜种植和管理实用技术，并提供实习和见习基地。他将温室两熟改三熟技术推广到了周围的阿依库勒镇，每年免费向困难种植户赠送 1 万株蔬菜苗，充分发挥专业技术特长，真正起到了科技带头人的先进作用。

三、延长产业链，抵御市场风险，更好发挥科技特派员作用

2021 年 11 月，陈林先积极组建了合作联社，社内成员 200 户共 600 人，覆盖周边 2 个乡镇、6 个行政村，形成了集育苗、种植、加工、销售于一体的辣椒原材料产业链，走出了一条科技特派员与农民风险共担、利益共享、共同发展的新路子。

陈林先加大对当地群众技术能手的培养和带动。他手把手带出 30 余名技术过硬、能力强、土生土长的维吾尔族农民技术骨干，其中 5 人也成了科技特派员，而这 30 余名农民技术骨干又带出了 70 余名农民技术员。

2022 年，合作联社种植农户人均年收入达 2.5 万元，带动 200 余人就地就近就业，就业人员人均年收入增加 1.2 万元。在他的无私带动下，尤喀克乔格塔勒村人均年收入突破 2 万元，成了远近闻名的"蔬菜村"。

服务成效评价

陈林先深入田间地头开展技术咨询与服务，积极投身公益事业，以十足的干劲儿终日奔波在学科技、用科技、传播科技的田野上，用自己的真诚带领周边群众增收致富，用自己的实际行动践行着一个农民党员的本色。

蔬菜大棚显身手　千里培训助丰收

——记阿克苏地区新和县科技特派员艾合提热木·艾买尔

■ **个人简介**

艾合提热木·艾买尔，中共党员，新和县木讷尔农民专业合作社理事长，主要从事设施农业蔬菜栽培，围绕花卉、蔬菜、瓜果等作物开展技术推广服务。

一、深入基层，攻坚克难，全心全意解决人民群众实际问题

艾合提热木·艾买尔大学毕业于塔里木大学，毕业以来自谋职业，从事热衷的设施农业蔬菜栽培工作。她在新和县设施农业基地共承包三座大棚和温室，从此与设施农业结下了不解之缘。她将理论与实际相结合，让所学的知识有用武之地，风雨无阻日夜忙碌在大棚内，在经历过设施农业行业的成功与失败后，她不断汲取经验，探索作物的生长与变化，在不屈不挠中将自己的合作社做大做强。

2020 年，艾合提热木·艾买尔作为科技特派员和"三区"科技人才被派到 300 多公里外的乌什县开展技术服务，她多次往返开展技术服务，为乌什县三个乡镇开展蔬菜高效种植传授经验。她从事蔬菜种植工作十多年来，一步一个脚印，始终把蔬菜种植事业放在首位，把农民群众的利益作为工作的出发点和落脚点。作为一名专业技术人员，她认真履行科技特派员职责，始终坚持理论联系实际，以严谨细致的工作作风，为广大农民群众解决实际问题。

艾合提热木·艾买尔（中）在向种植户讲解设施蔬菜育苗技术

二、肩负责任，服务群众，深受种植户高度好评

艾合提热木·艾买尔在自身的努力和同行的支持下，在专家教授们的热心指导和帮助下，逐渐走向成熟，逐步提高了服务"三农"的本领和意识，坚定了扎根于农业科技推广工作的信念和决心。

自受聘为新和县科技特派员以来，她开展了各种科技培训和现场指导工作，及时解决菜农生产中的问题。日复一日、年复一年，她总觉得手里有做不完的工作和办不完的事。蔬菜种植看似平常，但想要得到优质商品化的绿色蔬菜，光有理论知识是远远不够的，必须在无数次的实践中经过反复对比，从一次次的失败中才能取得成功。在为期一年的"三区"服务工作中，她得到当地种植户的高度好评，更深刻地感受到了自身工作的责任感和使命感。

三、不忘初心、牢记使命，用自己的青春和热血无私服务群众

涉农工作与农村经济发展密切相关，与农民群众的切身利益紧密相连，为此艾合提热木·艾买尔出实招、用实劲、求实效，努力把增产增收的实用技术通过培训传递给当地农民，提高农民的栽培本领，让农民群众切实感受到"科学技术是第一生产力"。她始终战斗在农村设施农业的第一线，在自己的合作社或田间地头向身边的农户开展技术技能帮扶和讲解，并且不收取任何费用，目的就是让大家精准掌握设施农业蔬菜种植技术，带领大伙共同富裕，充分发挥了共产党员的先锋模范作用。

服务成效评价

艾合提热木·艾买尔在开展科技特派员服务以来，通过组织举办各种免费科技培训，进一步增强了广大农民科学种植的意识和技能。在鲜花和掌声中，她深知任何成绩的取得都是党和人民培养的结果，她不骄不躁，努力钻研农业科技知识，不断提高自身素质，坚持以严谨的科学精神和高尚的职业道德规范自己的言行。她心系群众，切实为服务"三农"尽自己的一份绵薄之力，为当地新型农民队伍建设做出了自己的贡献。

南疆种出火龙果　致富路上带头人

——记阿克苏地区柯坪县科技特派员张晓颖

■ **个人简介**

张晓颖，柯坪县石榴籽田园农民专业合作社理事长，主要从事设施农业技术培训与推广工作。2018 年她成为柯坪县科技特派员，一个偶然的机会，她看到玉尔区乡金戈壁设施农业园区内有许多设施大棚闲置，无人耕种，当地农民不懂种植技术，种植普通蔬菜又没有销路。在深入考察后，她毅然决定在柯坪县种植南方果蔬，发展特色农业种植。

一、专业指导，热心服务，带领农民走上致富路

柯坪县自然环境恶劣，土壤盐碱化严重，种植北方普通作物都很困难，种植南方热带、亚热带作物更是困难，也从来没有人尝试过。张晓颖牵头成立了柯坪县石榴籽田园农民专业合作社。在她的带领下，合作社克服前期资金短缺和技术匮乏等困难，齐心协力，大胆引进和试种火龙果等热带、亚热带作物，在柯坪县种植南方果蔬，发展特色农业种植。合作社吸收 12 户低收入家庭为社员，承包 4 个大棚（其中 2 个大棚种植火龙果），经过一年的努力，火龙果在当地试种成功，安全越冬，并取得了良好的经济效益，亩产火龙果 3 吨，亩经济效益达 2 万～3 万元。火龙果的试种成功，为柯坪县发展新的经济增长点提供了有效的尝试，为火龙果种植奠定了良好的基础。

2018 年以来，在张晓颖的带领下，在总结和改进火龙果种植技术的基

础上，合作社又承包了 30 个大棚，除了扩大火龙果种植规模外，她还引进了台湾长果桑等热带、亚热带作物，并搞起了餐饮和观光、采摘行业。截至 2021 年，合作社共有 34 个大棚，建立了火龙果种植示范基地，向当地农民传授推广火龙果种植技术。

张晓颖（中）向种植户讲解火龙果种植修剪技术

二、亲力亲为，手把手传授农民学习增收新技能

为了让农民学到种植火龙果的"真本事"，张晓颖亲自指导和示范，教农民剪枝、授粉、施肥。农民可随时到示范基地观摩学习，随时找技术员咨询解决，极大地便利了农民学习种植和管理技术，提高了他们学习新技术的热情和种植火龙果的积极性。几年来，在她的带领下，合作社向当地农民推广火龙果种植技术，开展培训 20 场次，共培训 2 000 余人，辐射带动了 30 余户农民，当地农民种植和管理火龙果的技术水平有了很大提高。现如今，在合作社的温室大棚里，有一排排形似仙人掌的枝茎上绽放着朵朵美不胜收的"幸福花"，长出熊熊火焰般的"致富果"。

三、提供保障，提高农民抵御风险的能力

合作社不但免费为当地贫困农民提供种苗和种植技术，提高了农民的科技水平，还统一收购、包装、销售火龙果，统一策划采摘和观光活动，亩均收益 3 万元，解决农民农产品销售难的问题，与农民建立牢固的利益共同体，共同提高抵御市场风险的能力，促进农民增收。

合作社吸收农村富余劳动力就业。在火龙果示范基地工作的 50 余名农民工，基本掌握了火龙果种植管理技术，有的还成为合作社骨干技术员，向更多的农民传授技术。在火龙果采摘季节，合作社招收当地贫困户工作，对于一部分有文化、懂双语的脱贫户，合作社还对他们进行技术、管理、经营方面的培训，让他们走上经营管理岗位。截至 2021 年，合作社解决就业岗位 20 多个，均为脱贫户，有一部分已成为独当一面的骨干，有效解决农村富余劳动力就业问题，为脱贫攻坚提供了有效的科技支撑。

服务成效评价

柯坪县将特色种植、现代农业和生态观光相结合，大力发展休闲观光游，增加农民务工就业机会，拓宽农民增收渠道，带动农民致富。在张晓颖的带动下，合作社建设了柯坪县火龙果种植基地，种植火龙果的温室大棚达 24 座，30 余户农民依靠种植火龙果走上致富路，还带动 20 余名村民就业增收。同时，火龙果基地促进周边产业的发展，对柯坪县玉尔其乡玉尔其村巩固脱贫攻坚成果，走向乡村振兴做出突出贡献。

给致富插上翅膀

——记喀什地区喀什市科技特派员张文

■ 个人简介

张文，中共党员，现任喀什新投鸽业有限责任公司党支部副书记，"三区"农业科技技术员。2018年被评为中国肉鸽行业协会精准扶贫"先进个人"，2019年荣获自治区脱贫攻坚"创新奖"，2020年被评为自治区"劳动模范"和"民族团结先进个人"，2021年被评为"全国脱贫攻坚先进个人"。

一、建立"产学研"基地，不断提升养殖成果创新水平

张文坚持把科研作为可持续发展的内生动力的重要抓手，在投资建设一座200多平方米的现代化实验、检验室的基础上，与新疆农业大学联手建立"产学研"基地，成立了研究生工作站，在原料饲料的种植、肉鸽养殖、食品深加工等方面加强技术攻关和科学指导。为提高乳鸽的品质与出栏率，工作站与广东农业科学院合作在英吾斯坦乡建立产品研发中心，大力推广混合配比"标准饲料"肉鸽养殖技术，为肉鸽生长繁育提供全面的营养支撑。他充分利用新疆生态资源与生态自治区重点实验室、食品工程实训中心等平台和高层次人才优势，委托学校开展新品种培育、新产品研发及产品品质检测等工作，提升新投鸽业有限责任公司创新能力和水平，实现双赢。

他坚持以企业为平台，以基地为桥梁，以农户为主角，进行鸽产品深

加工，实施冷鲜保鲜技术等建设项目，延长农产品供应链，切实确保养殖户增收，实现消费帮扶贫。他积极带领销售团队建立集"互联网电商平台＋自媒体分销平台＋生态有机肉鸽加工基地＋冷链配送＋商超＋客服中心"于一体的全新销售模式，不断拓宽农产品销售渠道。

张文（中）为养殖户讲解鸽养殖关键技术

二、扩大产业发展，依托主题产业带动富余劳动力就业

张文坚持以养鸽产业为引领，大力发展次生产业，通过养殖企业与村民养殖户签订订单农业项目，打造"有机饲料基地"，发展高效种植玉米5 000 亩，实现种植户每亩增收 800 元。在喀什市主要旅游黄金地段设立连锁主题餐厅 1 个和肉鸽销售点 4 处，以鸽业为核心的文化 3A 级旅游产业园1 座，延长农畜产品的供应链，实现优质产品的增值转化。通过以上举措，直接解决英吾斯坦乡长期就业岗位 100 个，季节性就业岗位 500 人，间接带动第三产业就业人员约 1 000 人。

为解决养殖户普遍文化基础薄弱、语言不通等问题，他坚持"培养一批、带动一批"的技术培训思路，发起并建立 1 套专业技术培训机制和

5 万元培训基金，先后选派 15 名少数民族员工去专业技术学院参加培训，为 1 200 户鸽业养殖户配备 2 ～ 3 名专业技术服务力量。同时，他定期对各村合作社负责人、养鸽大户、主管养鸽专干、技术员及养殖户开展养鸽技术培训工作，并对培训成熟的养殖户发放种鸽，帮助其增收致富。

三、创新销售模式，依托产业带动群众增收致富

在张文的努力下，通过对接广州商源公司、京东集团西北区、华润万家公司等销售商签订了多份合作意向书，让肉鸽产品销往全国各地，为新疆培育输送优质肉鸽 20 万羽，在南疆四地州成功繁育种鸽 3 万对。他带领经营团队持续推进科学管理的体系建设，先后取得 5 项品牌认证——产品有机、产品 IS9001 质量管理体系、环境管理体系、职业健康管理体系、五星品牌等，保证产品健康有机、订单农业可溯源，从根源上提升农户产品的经济附加值，形成品牌帮扶贫。

他在英吾斯坦乡 6 个村共培育养鸽户 1 221 户，养殖种鸽达 12 万羽，贫困户年均增收 3 000 元左右。建设有机原粮饲料种植基地 5 000 亩，户年均增收 2 000 元。

服务成效评价

张文被聘为科技特派员以来，尽职尽责，认真履行职责，深入基层调查研究，引进新技术、新品种，建样板、做示范，组织科普宣传，开展技术培训，进行各项实用技术的推广应用，为喀什市产业发展做出了应有的贡献。

出身农家不忘本，带领村民共致富

——记喀什地区泽普县科技特派员麦麦提伊敏·赛麦尔

■ 个人简介

麦麦提伊敏·赛麦尔，喀什地区泽普县金牛养殖农民专业合作社负责人。先后荣获国家级、自治区级"优秀共产党员""青年致富带头人"等荣誉称号近 10 项。

一、创新管理模式探索创新科学养殖技术，用爱心弘扬中华民族传统美德

麦麦提伊敏·赛麦尔通过自己的努力开拓致富之路，带头引导本村 14 户畜牧养殖户在图呼其乡巴什阿其玛村成立了泽普县金牛养殖农民专业合作社。他明确了合作社的定位，找到了方向，明确主营业务范围包括畜禽养殖，组织收购、销售、加工畜禽产品，引进畜禽新品种，开展畜禽养殖技术培训及信息交流、咨询服务。在生产实践中，他对农户分散传统的畜牧养殖进行系统整合，在品种、疫病防治、设备、配套及科学管理上下功夫，探索出了一条农业合作社的养殖之路。他通过坚持不懈地示范带动，宣传推广先进养殖技术，转变农户传统落后思维模式和生产方式，培训和技术指导，帮助本村农民科学养殖，共同致富。他创新合作社管理模式，搭建销售平台，科学制订分红办法，切实增加入社农户收益，带领本村农民增收致富，养殖户年均增收 1 500 元以上。

他在生活中重视发扬中华民族扶危济困的传统美德，每年合作社都会

拿出 2% ～ 3% 的利润，帮扶当地老弱病残和孤寡老人，为"金牛"名片增添了人文关怀的形象，更大程度地凝聚了人心。

麦麦提伊敏·赛麦尔（中）在检查牛发病情况

二、坚持扶志扶智相结合，不断增强农民科学养殖技术和意识，促进农户增收致富

麦麦提伊敏·赛麦尔以建立合作社为平台发展畜牧业的想法在一开始就"碰了壁"。群众一直以来都是采用自然养殖方式，不愿意将自己的牛、羊放入合作社中，合作社建立之初就陷入了没有人响应的困难，他没有放弃，也没有埋怨，积极与乡村干部一起，对群众耐心座谈宣讲，以优惠政策、效益对比、成本分析、劳力优化等方式与群众共同探讨，一点点改变了群众的想法。他在总结以前一些失败合作社的教训后，和社员多次集体开会研究，制订一系列从社员入社、牲畜价值的认定和评估、成本的确认、养殖管理，到效益分红的科学管理办法。从 2014 年至今，该合作社共出栏牛 2 352 头、羊 39 只，已为 98 位股民分红现金 13.5 万元；2019 年年底为股民分红现金 55 万元左右，实现入股农户年增加 1 500 ～

3 000 元收入。截至 2002 年该合作社存栏牛 220 头、羊 1 450 只。其中，一般收入家庭入股 9 头牛、380 只羊，低收入家庭入股牛 62 头、羊 870 只。

合作社承包了图呼其乡 8 村农民流转出的约 1 000 亩土地集中种植，并根据土地种植性质和价位向农户返还利润，平均每亩返还 600 元，同时解决 35 名本村人员就业问题，让更多的劳动力通过外出务工、增加收入、实现"多赢"。他通过合作社的辐射带动作用，促进了农户在新型组织管理中的思想转变，也提高了农民自身种植（养殖）水平，加强了农民就业技能的培训，做到扶贫先扶智、扶智扶志同步进行。

三、急群众所急，帮群众所需，赢得养殖户信任

为转变农户固有的家中散养的养殖模式，麦麦提伊敏·赛麦尔利用自己的畜牧专业所长，耐心上门逐户宣传讲解科学养殖的方法，组织农户学习观看内地先进典型养殖视频、新闻等，通过耳濡目染，逐步改变农户的思想意识。

他了解农户最关心的问题是牛羊养肥了如何卖个好价钱，他通过产业规模化发展，为农户提供销售平台，并对农户讲解个体销售与平台销售的差别，利用政府销售渠道及销售信息，最大限度为农户提高收入。同时，他深知，事实胜于雄辩，所以他带头做示范，邀请群众实地参观和感受，赢得了群众的认可和信任。

服务成效评价

麦麦提伊敏·赛麦尔探索出一条适合当地发展的农区合作社的养殖之路，通过合作社整合养殖资源，既能够帮助农户转变传统分散养殖固有思维方式，在学习先进养殖技术的同时，降低了养殖成本，使农户享受平台销售带来的收益。

一根芦笋挑起洛浦县致富担

——记和田地区洛浦县科技特派员贾玉路

■ **个人简介**

贾玉路，和田地区洛浦县大漠桃花园果蔬专业合作社理事长。主要从事食用菌栽培技术、设施芦笋反季节种植技术、大棚桃设施种植技术及西红柿大棚高产栽培技术。他先后获得自治区、和田地区相关部门创新创业大赛一、二等奖。

一、发挥优势，因地制宜，发展设施蔬菜种植技术

芦笋是一种常见的营养保健蔬菜，素有"蔬菜之王"的美誉。芦笋口感清爽，且含有丰富的 B 族维生素、维生素 A、叶酸及其他微量元素，在蔬菜市场大受欢迎。芦笋虽然是从西方引进，但随着生活方式的改变，国内对芦笋的需求也与日俱增，且芦笋具有抗病性和抗逆性等优越特性，还能连续采收多年，因此种植芦笋成为新的致富商机。

贾玉路根据和田地区洛浦县的作物生长环境及特点，引进食用菌种植，芦笋的试种成功打开了当地群众增收致富的新渠道，挑起了洛浦县的致富担。为了规范标准化生产，他成立了洛浦县大漠桃花源果蔬专业合作社，推广芦笋的标准化种植管理方法，并以"合作社＋基地＋订单"的模式真正实现了种、产、销一体化。

合作社的芦笋经营养品质鉴定后入选第三批全国名特优新农产品名录，并成功申请了有机认证，让洛浦芦笋在国内打响了名号。

贾玉路（右一）在讲解大棚芦笋种植技术

二、积极探索，依托技能培训攻克大棚种植技术难题

贾玉路在各类科研项目的支持下，面向企业、学校、合作社农民等开展食用菌、芦笋栽培技术培训下，先后共组织 7 次培训，共有 400 人参加学习、现场示范，面向 23 名学生开展食用菌栽培技能培训，利用林下 100 个大拱棚种植大球盖菇、姬松茸等菌类的示范，带动 50 户农民增收致富，他在和田市巴什阿曲村指导村民种植了 50 个地窖的平菇并成功销往全国各地。

经过不断地摸索实践，他研究出了适合新疆种植芦笋的技术，包括种植密度、浇水方法及修剪时机。经试种研究，冬季通过大棚对芦笋进行保湿，而后采笋，到了夏季可以利用干燥的气候"养壳子"，这样芦笋就不会休眠，质量和产量可达到较高标准，比普通蔬菜的投入产出比要高得多。通过不断研究，他引进了山东先进的液体制种技术，广泛采用滴灌技术，并建设了一座食用菌菌种厂，解决了芦笋越冬的难题，让和田地区的食用菌种植成本下降了 20%，产量提高了 15%～25%。他的团队还一直尝试在沙漠中种植白芦笋，2022 年白芦笋露地种植已有 100 余亩的规模。

三、创新思路，形成"种、产、销"一体化新模式

贾玉路在和田地区洛浦县以"合作社＋基地＋订单"的模式开展芦笋"种、产、销"一体化模式，不仅使芦笋适应了当地的环境，而且质量上也达到了良好的效果，培养农民技术员20余人，培训农户300余户，覆盖了洛浦县的恰尔巴格镇、拜什托格拉克乡、和田市吉亚乡等乡镇，目前洛浦县的芦笋种植技术已经很成熟，芦笋越冬也没问题，成品芦笋鲜嫩清脆，皮薄肉厚，品相诱人，亩产可达2吨，而且价格也不菲，春节期间每千克售价五六十元，供不应求。各地州市的客商接踵而至，在品尝了新鲜的芦笋后，都赞不绝口，觉得这种绿色蔬菜确实口感好。截至2022年洛浦县共有330亩芦笋种植大棚，每亩地产量可稳定在1.5吨，收益达5万元左右。

服务成效评价

贾玉路根据和田地区洛浦县的作物生长环境及特点，引进食用菌种植、芦笋的试种成功打开了当地群众增收致富的新渠道，挑起了洛浦县的致富担，芦笋的种植为当地农民群众找出了一条绿色、高效、优质的发展之路，并培养了一批种植技术员、农民土专家，洛浦县已有100余户农民通过参与芦笋种植、在基地务工等形式，实现户均年增收1万元以上。他通过示范引领，探索了芦笋种植可推广、可复制的创新致富新模式。

种树治沙做产业　助力脱贫做贡献

——记和田地区策勒县科技特派员李鹏

■ **个人简介**

李鹏，和田地区策勒县智慧果业农民专业合作社理事长、高级经济师。从事红枣标准化种植科学管理技术培训，栽培技术示范指导、土地整理、病虫害防治，以及肥水管理、红枣生长过程、采摘保鲜管理等服务。编写技术规范和方案 5 项，先后获国家和自治区荣誉称号 10 余项。

一、心沉基层，用汗水促进本地红枣品种提质增效

2009 年李鹏退休后，选择到和田地区策勒县策勒乡阿日希村安家落户，扎根沙漠，与当地的维吾尔族农民平整沙包、一棵一棵种下防风林，到土壤改善，再一次一次补种枣树。经过十几年汗水湿黄沙，5 万余株防风林、70 万余株枣树锁住了这片沙漠，种植的林果达到 2 000 多亩。

由于产地栽培灰枣、骏枣等品种的变异很大，品种、品系多而乱，良莠不齐，同时又受制于农民文化水平及传统种植观念，农民种植红枣技术落后，红枣种植质量不高，管理方式粗放，品质得不到提升，红枣产业给农民带来的收益同实际的种植面积存在较大差距。他与新疆农业大学、西北农林科技大学林学院合作进行枣树疏密改造、枣树品种改良，综合防治枣树病虫害，根据作物种类、种植方式、土壤类型和流量布置毛管和灌水器。

他结合红枣生态果园建设和绿色红枣生产技术规程开展红枣栽培管理，

推动产业提质增效，为枣农提供田间地头免费栽培技术示范指导，从土地整理、病虫害防治，以及肥水管理、红枣生长过程、采摘保鲜加工管理等环节上进行全程跟踪服务。

他与河北省张家口市冀雨科技有限公司合作，利用现代农业高科技开展水肥一体化 App 智能控制研究，实施水肥一体化、测土配方施肥技术，强化枣园土壤和肥水精准管理，并获得"绿色食品"证书，建设完成了 2 000 亩的水肥一体化自治区特色林果业标准化示范基地。

他在实践中总结出滴灌技术用于防风林栽种和固沙类作物改良土壤的方法，掌握枣树生长数据，将自己总结的沙地种枣技术传授给更多农民，让农民更好地劳动致富。

二、编写规范，用标准方案提高农民种植科学管理技术

李鹏为了能让农民掌握种植科学管理技术，认识到科学技术是第一生产力，贯彻科技兴农思想，使红枣产业成为当地"摇钱树"，先后编写了《红枣种植技术规范》等 4 项技术方案，建成 10 000 米^2 初级红枣加工厂一座，年加工能力达 1 万吨，仅此一项就能解决当地冬季就业 100 多人。

李鹏（中）在进行田间种植技术指导

他与国家科研机构和专家团队共同努力，开发策勒红枣包括残次红枣、枣皮、枣肉、枣核全资源综合利用的工艺路线和对应的产品，引进种植8万余株适合本地种植的新优质新品种苹果、杏李、秋月梨、海棠、蟠桃等，试验试种高丹草、红豆草、油沙豆等14种牧草及经济作物，引进高产优质牧草品种2个，试种100亩，亩产20～30吨，营养成分高于苜蓿3倍，这项试种的成功可解决和田地区严重缺乏饲草料的问题。

他请来自治区农业科学院甜瓜研究中心的首席专家，在新定植的优质新品种特色林果地里大胆套种甜瓜、西瓜460亩，根据专家在喀什地区实践，每亩甜瓜有5 000元以上的利润。择机在周边农户枣园进行适度推广，使每个农民能掌握2～3项实用技能。

三、打破瓶颈，解决难题，运用先进技术促进产业发展

李鹏根据红枣管理各个时期的要求，及时组织果农对红枣整形修剪、保花保果、肥水管理、病虫害防治、配方施肥、防冻等措施进行培训，累计培训红枣栽培人员7 500余人次，接待各地来访农民5 000人次，培训林果种植技术骨干100余人。他不仅带动了农民就业，增加了收入，让他们掌握了科学的种植管理技能，更重要的是促进了思想观念的转变，促进了策勒县红枣产业健康发展，得到了地方政府和老百姓的一致认可，村民们亲切称呼他为"生产小队长""沙漠种枣人"。

服务成效评价

李鹏在沙漠区种植具有较高药用价值和商品价值的优质红枣，投入数千万元资金建成了2 000亩自治区特色林果业标准化示范基地，为所在枣农提供免费栽培技术示范指导，从土地整理、病虫害防治，以及肥水管理、红枣生长过程、采摘保鲜管理等环节上进行全程跟踪服务，通过科技助力乡村振兴，将红枣种植业发展成为当地的一项富农产业。

图书在版编目（CIP）数据

科技特派展风采 创新创业聚英才：新疆维吾尔自治区科技特派员制度20年实践纪实 / 张冠斌等主编. 北京：中国农业出版社，2024.8. -- ISBN 978-7-109-32191-5

Ⅰ.F327.45

中国国家版本馆CIP数据核字第2024KV9091号

科技特派展风采 创新创业聚英才

KEJI TEPAI ZHAN FENGCAI CHUANGXIN CHUANGYE JU YINGCAI

中国农业出版社出版

地址：北京市朝阳区麦子店街18号楼

邮编：100125

责任编辑：张艳晶

版式设计：王 晨 责任校对：吴丽婷

印刷：中农印务有限公司

版次：2024年8月第1版

印次：2024年8月北京第1次印刷

发行：新华书店北京发行所

开本：700mm×1000mm 1/16

印张：14.25

字数：220千字

定价：78.00元

版权所有·侵权必究

凡购买本社图书，如有印装质量问题，我社负责调换。

服务电话：010－59195115 010－59194918